Herbert Mayr

Montafon

Schruns – Gargellen – Gaschurn – Silvretta

50 ausgewählte Wanderungen und Bergtouren

ROTHER
BERGVERLAG

VORWORT

Das südlichste Vorarlberger Tal, bei Wanderern überaus beliebt, gilt als eines der geologisch bedeutsamsten Täler der Alpen. Elemente der Nördlichen Kalkalpen und Zentralalpen greifen im Montafon mit einem seltenen Wechsel an Gesteinen ineinander über. Dies bringt wiederum eine mannigfaltige Pflanzenwelt hervor und verleiht den Bergtouren eine ungemeine Spannung. Manche Gipfel zählen zu den formenschönsten Erscheinungen der gesamten Ostalpen, allen voran die Zimba, die Drei Türme, die Madrisa, das Große Seehorn und der Großlitzner. Einige Gestalten bestechen weniger durch ihre Eleganz als vielmehr durch die individuelle Ausstrahlung, weil sie auffallend »beleibt« wirken wie etwa die Drusenfluh, die Sulzfluh und der Hochjochstock. Andere wiederum ragen heraus durch ihre zerrissenen Gletscherkleider wie der königliche Piz Buin.

Das Durchstreifen der bei St. Gallenkirch zusammenstoßenden drei großen Zentralalpen-Gebirgsgruppen Rätikon, Verwall und Silvretta spricht unweigerlich jeden Bergwanderer und Naturfreund an, gleich welchen Alters, gleich ob sportlich eingestellt oder mit Hang zur Muße. Sie haben die Wahl: erholsame Tal-Spaziergänge an der Lebensader Ill, durch urige Tobel und über duftende Bergmatten zu verschwiegenen Maisäßhütten, in unverfälschte Hochtäler und vorbei an malerischen Seen, auf historischen Pfaden und Schmugglerwegen zu luftigen Graten und überwältigenden Aussichtsbergen im Reich der Dreitausender.

Oder gar eine der erlebnisreichen Höhenweg-Trekking-Routen anpacken? Zahlreiche Einkehrmöglichkeiten und komfortable Alpenvereinshütten erleichtern die Etappenplanung. Neben einer Reihe von Bergbahnen verkürzt die Silvretta-Hochalpenstraße so manchen Anstieg. Erreichbar sind nahezu alle Vorschläge mit dem Bus oder der Montafonbahn, bewährte Unternehmungen und köstliche Schleichwege in die große Einsamkeit. Ich wünsche Ihnen begeisternde Tourentage zwischen der Lorünser Talenge und dem Piz Buin.

Unterthingau, im Herbst 2021 Herbert Mayr

LIEBE LESERINNEN UND LESER,

infolge der Corona-Krise können sich Änderungen ergeben haben, die bei Redaktionsschluss noch nicht absehbar waren. Soweit möglich werden wir aktuelle Hinweise unter www.rother.de (beim Buch) zur Verfügung stellen. Bitte informieren Sie sich vor der Wanderung zusätzlich über die derzeitigen Gegebenheiten.
Sollten Sie geänderte Gegebenheiten vor Ort feststellen, freuen wir uns über Korrekturhinweise per E-Mail an leserzuschrift@rother.de.

INHALTSVERZEICHNIS

Der Umwelt zuliebe ...

Auch als Wanderer hinterlassen wir einen ökologischen Fußabdruck, aber im Einklang mit der Natur unterwegs zu sein, ist gar nicht so schwer!

VORBEREITUNG UND ANFAHRT
- Sich vorab informieren, worauf in Bezug auf Natur und Umwelt in der jeweiligen Wanderregion besonders zu achten ist.
- Soweit möglich mit Bus und Bahn anreisen, Wander- und Rufbusse nutzen.
- Ist eine Anfahrt mit dem Auto nötig, Fahrgemeinschaften bilden.
- Bei weiten Anfahrten Mehrtagestouren planen oder von einem Quartier vor Ort aus mehrere Touren absolvieren.
- Flugreisen möglichst reduzieren und durch Beiträge zu Klimaschutzprojekten kompensieren.

KLEIDUNG UND AUSRÜSTUNG
- Beim Kauf von Outdoor-Kleidung auf umweltfreundliche und faire Herstellung achten und Kleidungsstücke möglichst viele Jahre nutzen.
- Ausrüstung kann man eventuell auch gebraucht kaufen oder ausleihen.
- Reparieren statt neu kaufen.

VERPFLEGUNG
- Beim Einkauf Bio-Ware, regionale und saisonale Erzeugnisse bevorzugen.
- Hütten und Gasthäuser auswählen, die regionale Produkte verwenden.
- Auf Einwegflaschen und Plastikverpackungen verzichten, stattdessen wiederverwendbare Trinkflaschen und Brotzeitboxen benutzen.

ÜBERNACHTUNG
- Bei lokalen Anbietern buchen, damit Menschen vor Ort profitieren.
- Auf Hütten und in anderen Unterkünften Strom und Wasser sparen.

UNTERWEGS
- Wege benutzen und Abkürzer vermeiden.
- Sperrungen von Wegen und Schutzgebieten respektieren.
- Keine Blumen pflücken und keine Pflanzen entnehmen.
- Waldbrandgefahr beachten.
- Müll wieder mit nach Hause nehmen und dort entsorgen.
- Toilettengänge in freier Natur möglichst vermeiden.
- Lärm vermeiden.
- Hunde an die Leine nehmen.

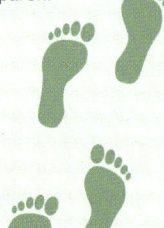

ROTHER
BERGVERLAG

TOP-TOUREN

Itonskopf und Alpilakopf
Der Bartholomäer Lehrwanderweg in der Nordwestecke des Verwalls führt über mehrere Erhebungen. Er begeistert durch abwechslungsreiche Landschaft *(Tour 7, 6.45 Std.)*.

Kreuzjoch und Zamangspitze
Leicht erreichbare Höhenwanderung zu zwei Aussichtsgipfeln zwischen Schruns und dem unteren Silbertal. Der Abstieg führt vorbei an romantischen Seeaugen *(Tour 11, 5.15 Std.)*.

Golmer Joch und Geißspitze
Die Kombination von drei Rätikon-Höhenwegen bietet eindrucksvolle Ausblicke auf die bizarren Turm-Drillinge über der bezaubernd gelegenen Lindauer Hütte *(Tour 16, 5.45 Std.)*.

Großer Turm
In atemberaubender Eleganz lockt im Talschluss des Gauertals eine der eigenwilligsten und höchsten Gipfelgestalten Vorarlbergs. Eine Tour für den Profi-Bergwanderer *(Tour 18, 2 Tage)*.

Weißplatten-Umrundung
Aufregende Zweiländertour mit Startpunkt Tilisunahütte. Die Route führt auf dem Rätikon-Höhenweg Nord und dem Rätikon-Höhenweg Süd rund um die beiden monströsen Kalkfestungen Weißplatte und Scheienfluh *(Tour 23, 2 Tage)*.

Silvretta-Weitwanderweg
Das eindrucksvolle Trekkingerlebnis führt in drei Tagesetappen von Gargellen zwischen Eis und Fels im obersten Stockwerk des Hochmontafons bis zum Silvretta-Stausee *(Tour 33, 3 Tage)*.

Breiter Spitz
Kurzweilige Erholungstour vom Kops-
Stausee zu einem aus kristallinem
Urgestein geformten Bergziel an der
Europäischen Wasserscheide in der
Nord-Silvretta *(Tour 47, 3.30 Std.)*.

Hochmaderer
In den seltenen Genuss des Gletscher-
leuchtens der zentralen Silvretta gelangt der erfahrene Gipfelaspirant bei
einer Besteigung des mächtigen
Hochmaderers mit seinem schier unermesslichen Horizont *(Tour 38,
2 Tage)*.

Valschavielkopf
Vorbei an den anziehenden Scheidseen und durch eine ursprüngliche
Glaziallandschaft mit silbrig glänzen-
den Wollgrasteppichen auf den einsamen Valschavielkopf im südlichen Verwall *(Tour 49, 8.00 Std.)*.

Hohes Rad
Ein fast 3000 m hoher Grenzgipfel
über dem Silvrettapass für den im abschüssigen Schrofengelände geschickten Höhenwanderer *(Tour 46, 6.30 Std.)*.

TOURISTISCHE HINWEISE

Anforderungen

Unter diesem Schlagwort finden Sie bei jeder Tour detaillierte Angaben. Bei der Auswahl wurde großer Wert darauf gelegt, den Ansprüchen eines breiten Publikums Rechnung zu tragen. Das Spektrum reicht von bequemen Talausflügen über Hüttenaufstiege und Höhenwanderungen auf ausreichend bezeichneten Pfaden und Steigen bis hin zu felsigen, teils weglosen Hochgebirgstouren. Felstouren, die den I. Schwierigkeitsgrad der UIAA-Skala überschreiten bzw. eine Seilsicherung erfordern, sind bewusst nicht mit in die Auswahl aufgenommen worden.

Die Glaziallandschaft bei der Heilbronner Hütte könnte auch in Lappland liegen.

Damit die Anforderungen auf einen Blick leichter einzuschätzen sind, tragen die Tourenvorschläge Farbmarkierungen, die aber nichts über die Länge einer Unternehmung aussagen. Unsere Schwierigkeitsangaben beziehen sich auf trockene Wege in unbeschädigtem Zustand. Je nach Witterungseinflüssen können die Anforderungen der Touren erheblich anwachsen. Rote und schwarze Routen bieten oftmals leichte und lohnende Zwischenziele. Freunde beschaulicher Wanderungen finden hier zahlreiche weitere Vorschläge.

SCHWIERIGKEITSKATEGORIEN

■ = Leicht

Für Wanderer. Güter- und Forstwege sowie einfache Pfade und Steige sind in der Regel gut bezeichnet (meist lückenlos markiert und genügend beschildert). Maximal mittlere Steigungen, eventuell mit steilen Aufschwüngen. Keine ausgesetzten Passagen. Selbst bei zweifelhaftem Wetter relativ gefahrlos. Auch für Senioren geeignet. Für Kinder nur empfehlenswert, wenn die für kurze Beine ermüdenden Abschnitte auf Güter- oder Forstwegen nicht zu lang sind.

■ = Mittel

Für trittsichere und geübte Bergwanderer. Längere steile Steige und mitunter sehr steile Aufschwünge setzen oftmals Ausdauer und eine den Verhältnissen angepasste Ausrüstung voraus. Kurze unmarkierte und Orientierungssinn erfordernde Unterbrechungen sowie ausgesetzte, teilweise mit Drahtseilen gesicherte Stellen können vorkommen. Für den Fall einer Wetterverschlechterung ist grundlegende alpine Erfahrung unerlässlich. Etappen im Schrofengelände sind frei von Kletterpassagen. Abgesehen von ausgedehnten Touren, bei entsprechender Vorsicht auch für Kinder durchaus geeignet.

■ = Schwierig

Nur für erfahrene, trittsichere und schwindelfreie Bergwanderer. Längere steile oder sehr steile Steige in manchmal nur spärlich markiertem oder unmarkiertem Felsgelände mit ausgesetzten Abschnitten setzen Kondition und alpine Ausrüstung sowie gegebenenfalls guten Orientierungssinn voraus. Auf leichten Kletterpassagen ist die Zuhilfenahme der Hände nötig. Auch einfache Querungen von unbezeichneten, aber spaltenfreien Gletscherzonen können vorkommen. Aufgrund der mitunter beachtlichen Höhenlage (2500–3000 m) ist stabiles Wetter unbedingte Voraussetzung.

Anmerkung: Dieses System (blau, rot, schwarz) darf nicht mit dem in Vorarlberg geltenden Wanderwegekonzept verwechselt werden: gelb-weiß = leicht, weiß-rot-weiß = mittelschwer, weiß-blau-weiß = schwer.

Nach einem Wettersturz: der Zackenkamm der Rotbühelspitze im Vergaldatal.

Gefahren

Gefährliche Situationen entstehen beim Bergwandern meistens durch das Zusammentreffen von subjektiven und objektiven Gefahren. Subjektive Gefahren können durch Unwissenheit, Leichtsinn (mangelnde Ausrüstung) oder unzureichendes Training ausgelöst werden. Man sollte stets bemüht sein, sie mit entsprechendem Verhalten, insbesondere durch die Fähigkeit der Selbstkritik, auf ein Minimum zu reduzieren. Objektive, von den Naturgesetzen bestimmte Gefahren entstehen durch Nebel, Temperaturstürze und Gewitter sowie Steinschlag, Vermurungen und Lawinen. Sie lassen sich selbst mit bester Ausrüstung, einer guten Beobachtungsgabe und jahrzehntelanger Erfahrung nur auf ein gewisses Maß beschränken. Bei Regen,

SYMBOLE

Symbole im Tourenkopf	🏠 Einkehrmöglichkeit
🚌 Mit Bahn/Bus erreichbar	† Gipfel
✗ Einkehrmöglichkeit unterwegs	)(Pass, Sattel
👫 für Kinder geeignet	⚱ Kirche, Kapelle
Symbole im Höhenprofil	⚒ Aussichtsplatz
🅿 Parkplatz	⌐ ⌐ Abzweigung
🚌 Bushaltestelle	𝄃 Wasserfall
🏘 Ort mit Einkehrmöglichkeit	🚡 Auf-/Abfahrt mit Seilbahn

Nebel oder Schneegestöber können sich grasige oder felsdurchsetzte Steige in heimtückische Rutschbahnen verwandeln. Bei Gewittern gilt: Gipfel, Grate, Felsvorsprünge und Hochflächen sofort verlassen, weg von Drahtseilen oder Eisengeländern, keine einzeln stehenden Bäume aufsuchen! Besonders hart gefrorene Altschneereste oder von Bächen unterspülte Schneebrücken bergen oft unterschätzte Gefahren. Gletscher sollte man ohne entsprechende Ausrüstung und Seilsicherung nur im Randbereich betreten und hier auch nur, wenn sie garantiert spaltenfrei sind (Auskunft der Hüttenwirte).

Jahreszeit

Für alpine Wandervorschläge, bei denen bereits die Ausgangspunkte teilweise um 2000 m hoch liegen, verlässliche »günstigste Jahreszeiten« angeben zu wollen, erweist sich in der

Schmelzwasserspalten auf frisch verschneiter Gletscherzunge.

WICHTIGE TELEFONNUMMERN UND INTERNETADRESSEN

Vorwahl bei Anrufen aus Deutschland und der Schweiz: 0043, bei der Ortsvorwahl entfällt dann die 0.

Landes-Fremdenverkehrsämter
Vorarlberg Tourismus, Tel. +43 (0)5572 3770330, www.vorarlberg.travel
Montafon Tourismus, Tel. +43 (0)50 6686, www.montafon.at

Regionale Fremdenverkehrsämter
Tourismusbüro Gargellen, Tel. +43 (0)50 6686310;
Tourismusbüro Gaschurn, Tel. +43 (0)50 6686400;
Tourismusbüro Schruns, Tel. +43 (0)50 6686200;
Tourismusbüro Silbertal, Tel. +43 (0)50 6686230;
Tourismusbüro St. Gallenkirch, Tel. +43 (0)50 6686300
Internet: Die einzelnen Orte findet man unter »www.montafon.at«, Mein Montafon, Meine Bergdörfer.

Alpine Auskunft und Wetter
Österreichischer Alpenverein (OeAV): Tel. +43 (0)512 587828
Wetter Vorarlberg: Tel. +43 (0)900 5301119
Vorarlberg Online: www.wetter.vol.at

Wetterdienst des Deutschen Alpenvereins: www.alpenverein.de
Wetterdienst des Österreichischen Alpenvereins: 0900 91156681 (nur in Österreich), www.alpenverein.at

Schrattenkalkverwitterung am Weg von Partnun zur Tilisunahütte.

Praxis als wenig sinnvoll. Es ist empfehlenswert, sich vorab beim zuständigen Verkehrsamt bzw. Wetterdienst (siehe Seite 13) über die aktuellen Verhältnisse zu erkundigen.

Mit ziemlicher Wahrscheinlichkeit sind die Gefahren durch nordwest- bis nordöstlich ausgerichtete Altschneefelder in Höhen über 2000 m bis in den Juli hinein nicht unerheblich. Für Touren in den Tälern eignet sich durchaus schon der Mai, bis zur Waldgrenze die erste Junihälfte. Ab Oktober ist besonders schattseitig mit vereisten Passagen zu rechnen.

Ausrüstung

Selbst bei Talwanderungen sind Trekkingschuhe vorteilhaft. Außer Regen- und Kälteschutz sowie Reservewäsche kann eine Stirnlampe gute Dienste leisten. Teleskop-Wanderstöcke sind besonders im Abstieg zur Gelenkentlastung sehr empfehlenswert. Bei Nässe sowie Querungen von Bächen, Schneefeldern und harmlosen Gletscherresten bieten sie eine zusätzliche Sicherheit, weil sie die Balance erhöhen. Mitzunehmen ist außerdem auf jeder Tour ein ausreichender Vorrat an Getränken, am besten in mehrfach verwendbaren Flaschen.

Notfallnummern

Die Bergrettung ruft man in Vorarlberg mit der Notfallnummer 144. Daneben gilt auch die europaweite Rufnummer 112.

Wanderkarten

Die Wanderkarte WK 374 »Montafon – Silvretta – Schruns-Tschagguns – Piz Buin – Klostertal« im Maßstab 1:50.000 von Freytag & Berndt deckt das ganze Gebiet dieses Wanderführers ab, die ebenfalls bei Freytag & Berndt erschienene WK 375 »Großes Walsertal – Feldkirch – Bludenz – Laterns – Liechtenstein« im Maßstab 1:50.000 nur die nördlichen Touren.

Wer auch im weglosen Gelände auf Entdeckung gehen möchte, der wählt vorzugsweise die Alpenvereinskarte Nr. 26 »Silvrettagruppe« im Maßstab 1:25.000 (nur für die südlichen Gebiete) oder die Österreichische Karte des Bundesamtes für Eich- und Vermessungswesen (ÖK) beziehungsweise die unübertroffene Landeskarte der Schweiz (sämtliche Karten im Maßstab 1:50.000).

Gehzeiten

Die angegebenen reinen Gehzeiten können nur als grobe Richtwerte für durchschnittlich trainierte Bergwanderer gelten (etwa 4 km in der Stunde auf leichten Talwegen, 350 Höhenmeter in der Stunde im Aufstieg, 500 Höhenmeter im Abstieg). Jahreszeit, Wetter, Verfassung, erforderliche Pausen und andere Faktoren bestimmen die insgesamt benötigte Zeit.

Mit Kindern unterwegs

Ob sich Touren für Kinder eignen, hängt nicht nur von der Länge der Anstiege oder der Ausgesetztheit der Wege ab, sondern vielmehr vom Abwechslungsreichtum einer Wanderung. Routen auf abenteuerlichen Waldpfaden und kurzweiligen Steigen zu Wildbächen und Wasserfällen, Bergseen und Aussichtsfelsen finden immer große Akzeptanz.

Für eine Montafon-Entdeckungstour sind Kinder schnell zu begeistern.

Bewahrtes Montafoner Haus bei Schruns.

Anfahrt

Bus: Die Ausgangsorte zu den einzelnen Wanderungen sind bis auf eine Ausnahme mit dem Bus oder der Montafonbahn erreichbar. Post-Omnibusse verkehren zwischen sämtlichen Gemeinden. Wanderbusse gibt es von Vandans ins Rellstal, von Bartholomäberg zum Gasthof Rellseck und von Silbertal zur Unteren Gaflunaalpe.

Auto: Das vorgestellte Gebiet ist von Bayern aus über die A 96, die Vorarlberger A 14 und ab Bludenz auf der B 188 zu erreichen, die auch von Tirol über die Silvretta-Hochalpenstraße führt.

Bahn: Die Montafonbahn verkehrt zwischen Bludenz und Schruns.

GPS-TRACKS UND KOORDINATEN DER AUSGANGSPUNKTE

Zu diesem Wanderführer stehen auf www.rother.de GPS-Tracks und Koordinaten der Ausgangspunkte zum kostenlosen Download bereit.

10. Auflage, Passwort: 409010sue

Sämtliche GPS-Daten wurden auf einer digitalen Karte erfasst. Verlag und Autor haben die Tracks und Wegpunkte nach bestem Wissen und Gewissen überprüft. Dennoch können wir Fehler oder Abweichungen nicht ausschließen, außerdem können sich die Gegebenheiten vor Ort zwischenzeitlich verändert haben. GPS-Daten sind zwar eine hervorragende Planungs- und Navigationshilfe, erfordern aber nach wie vor sorgfältige Vorbereitung, eigene Orientierungsfähigkeit sowie Sachverstand in der Beurteilung der jeweiligen (Gelände-)Situation. Man sollte sich für die Orientierung auch niemals ausschließlich auf GPS-Gerät und -Daten verlassen.

WANDERN IM MONTAFON

Äußeres Montafon

Wer von Bludenz durch die Talenge der Ill nach Schruns fährt, macht gleich bei St. Anton und Vandans Bekanntschaft mit den beiden so gegensätzlichen alpinen Gesichtern. Geologen präsentiert der Osträtikon anschaulich den Deckenbau als aufschlussreichste Bergregion Vorarlbergs. Die erste, vielleicht ein wenig kleinlaute Bewunderung gilt in dieser Zentralalpengruppe zwangsläufig dem Wahrzeichen des Montafons, der 2000 m über uns aufragenden Zimba, 2643 m, mit der ungeheuerlichen Vandanser Steinwand. Was für eine Gestalt und was für ein Felsenreich!

Die Sedimentgesteine des Westrätikons wechseln östlich des Rellstals in die vorwiegend metamorphen Bausteine der Silvretta-Decke. Üblicherweise trifft man in diesem Bereich Glimmerschiefer, Phyllit- und Glimmergneise an. Aber auch vulkanische Gesteine kommen vor wie beispielsweise Amphibolit und Serpentin am Schwarzhorn, 2460 m, über dem berauschenden Gauertal, das sich bei Tschagguns unter der kecken Mittagspitze, 2168 m, öffnet.

Hinten, am Ende dieses »Tals der Täler« baut sich eine dolomitenartige Riesentribüne mit atemberaubender Architektur auf, die Kalk-Kletterwände der Sulzfluh-Decke: die Sulzfluh, 2818 m, die Drei Türme, 2830 m, und die Drusenfluh, 2827 m. Die zum Teil von der Alpwirtschaft geprägten Rätikontäler sind kaum bewohnt – ein reiches Betätigungsfeld für Bergwanderer, das geradezu süchtig machen kann. Die zahlreichen Vegetationsstufen sowie der bunte Gesteinswechsel bewirken eine äußerst vielfältige und örtlich recht unterschiedliche Flora. Doch nun zum anderen Gesicht. Die vom Itonskopf, 2089 m, überragte Davennagruppe nimmt zwischen Schruns und dem Klostertal als Nordwestzipfel des Verwallgebirges eine Ausnahmestellung ein. Sie gehört mit ihren beglückenden Panorama-Wanderwegen geologisch gesehen zur Lechtal-Decke der Nördlichen Kalkalpen. Hier,

Über das Sulzfluhmassiv verläuft die Grenze zwischen Vorarlberg und Graubünden.

Unterwegs im Valzifenztal.

am sonnenverwöhnten Bartholomä-berg, wo sich ab etwa dem Jahr 1300 vorwiegend die Walser niederließen, ist alles übersichtlicher und, was die Höhen der Gipfel anbelangt, deutlich bescheidener als drüben im Rätikon. Mächtig Eindruck schindet dagegen – von Schruns aus taleinwärts aufra-gend – der mit einer beliebten Berg-bahn aufwartende Hochjochstock, 2520 m, hinter dem sich das lange, im oberen Teil nordisch anmutende Silbertal erstreckt.

Riesige Muren wie in den Vandan-ser Tobeln und brachiale Bergstürze (man denke nur an jenen bei St. An-ton) führen in der bis Mauren rei-chenden Außerfratte, wie das Äußere Montafon auch bezeichnet wird, ein-prägsam die Lebendigkeit und zu-gleich Vergänglichkeit der Bergwelt vor Augen.

Inneres Montafon

Hinter Schruns betritt man bei der Ortschaft Mauren unter der Zamang-spitze, 2386 m, dann nach einer zweiten Talenge die Innerfratte. Noch vor St. Gallenkirch zweigt das Gargellental ab. Dieses trennt den Rätikon von der Silvretta. Als aufgeschlagenes Lehrbuch der Geologie gilt das Gar-gellner Fenster. Die Gesteinsschichten in den Tobeln von Gargellen ver-deutlichen die Überschiebung der Sulzfluh-Decke von der Silvretta-Decke. Der dunkle, geologisch ältere Gneis kam auf dem leuchtenden, jüngeren Thitonkalk zu liegen. Diese weitgehend unberührte, an Alpgebieten reiche Wanderregion mit dem fesselnden Vergalda- und Valzifenztal, der Madrisa, 2770 m, und dem Juwel des Gandasees verkörpert eines der Montafoner Schmuckkästchen.

Ebenfalls kristalliner Fels, Gneise und Hornblendegesteine, bestimmt das Bild des weitgehend einsamen, auf Vorarlberger Seite gletscherfrei-en Natura 2000-Gebietes Verwall östlich des Haupttals bis hinauf zum Kops-Stausee. Dunkle, charaktervolle Gestalten bestechen durch scharf-geschnittene Figuren. Die helleren Gneisberge zeigen in der Regel etwas gediegenere Formen. Der Wanderer steigt mit Spannung zu einem der wet-tergebräunten Maisäß-Hüttendörfer oder klaren Bergseen auf. Auch ein paar stolze Gipfel lassen sich ohne Schwierigkeiten anpacken: der Schei-mersch, 2420 m, die Versalspitze, 2462 m, oder die Fädnerspitze, 2788 m, beispielsweise. Mehrere Bergbahnen helfen dem Genusswanderer im Gemeindegebiet Gaschurn-Partenen deutlich auf die Sprünge.

Im äußersten Süden der Region bildet die durch nordgerichtete Hochtäler gegliederte und wiederum vom »Urgestein« geprägte Silvretta mit den beiden großen Stauseen, dem Silvretta-Stausee und dem Vermunt-Stausee, gleichzeitig das Grenzgebirge zur Schweiz und nach Tirol. Manche der Fels- und Firngiganten lassen sich dank der Silvretta-Hochalpenstraße und bequemer Güterwege begeisternd nahe auf den Leib rücken. Als da wären raffinierte, schwarze Hörner wie

Das Kleine Seehorn mit dem Seegletscher ragt bereits auf Schweizer Gebiet empor.

der Großlitzner, 3109 m, und Vorzeigepyramiden wie das Große Seehorn, 3121 m, im hintersten Kromertal, ja sogar der mit gleißenden Gletschertüchern gekleidete Piz Buin, 3312 m, über dem Ochsental, der »Regent Vorarlbergs«.

Als einprägsame, relativ leicht erreichbare Schauwarten locken die Versettla, 2372 m, der Hochmaderer, 2823 m, und die Westliche Plattenspitze, 2883 m, über dem bezaubernden Garneratal sowie das Hohe Rad, 2934 m, auf der Bielerhöhe. Bergblumen gedeihen in diesem Glanzgebirge noch jenseits einer Höhe von 3000 m. Während einen im Sommer die blühenden Alpenrosenmeere ins Schwärmen geraten lassen, ist es im Herbst der flammende Farbenreigen der Beerensträucher, Heidegewächse und Zwergweiden, der die Lust auf weitere Silvrettatouren weckt.

Der Vermunt-Stausee an der Silvretta-Hochalpenstraße.

1 Maisäß Marentes, 969 m

3.00 h

Genusswandern gleich hinter der Pforte des Montafons

Im äußersten Nordwestzipfel des Verwallgebirges versammeln sich kurz nach der Lorünser Talenge zwischen der ungeheuren Vandanser Steinwand und dem Davennastock auf den heiteren Talwiesen der Ill die Häuser von St. Anton.

Ausgangspunkt: St. Anton, am Eingang ins Montafon; Bahnhof, 622 m, Parkplatz.
Anforderungen: Meist gut beschilderte Wander- und Fahrwege, Pfade und verkehrsfreie Sträßchen. Leichte bis mittelsteile Steigungen.
Einkehr: In Außerböden.

Quert der Wanderer beim Bahnhof von **St. Anton ❶** die Gleise, stößt er an der Hängebrücke auf den Illwanderweg nach Vandans. Nach bequemer Schlenderei am bewaldeten Ufer flussaufwärts wendet man sich an der zweiten Vandanser Illbrücke beim Bartholomäberger Ortsteil **Außerböden ❷** zur Bahnhaltestelle und achtet, nach dem vorsichtigen Überqueren der Silvrettastraße links haltend, am Ausgang des Sponatobels auf den Wegweiser »Jetzmunt«.

Ein Zickzack-Pfad steigt durch den Wald zur Parzelle Spona und ein Fahrweg mit leichtem Höhenverlust über bescheidene Bergwiesen zu den unteren Häusern von **Obergantschier ❸**, 740 m. Dort weist das Täfelchen »Bartholomäberg« auf einen Wiesenpfad. Unter uns gruppieren sich die Rodundseen. Auf dem nach Lutt führenden, stillen Sträßchen zeigen sich Tschaggunser Mittagspitze, Schwarzhorn, Sulzfluh und besonders prächtig die Zimba.

Im Wald queren wir die Straße von Bartholomäberg und einen Kreuzweg aus dem 16. Jh. und folgen einem Pfad, zuletzt einer Wiesenspur, hinauf zu den Anwesen der Parzelle **Tschais ❹**, 1000 m. Man hält nun auf dem Fahrweg Richtung Marentes an einem steilen Mischwaldhang entlang auf die gewaltige Van-

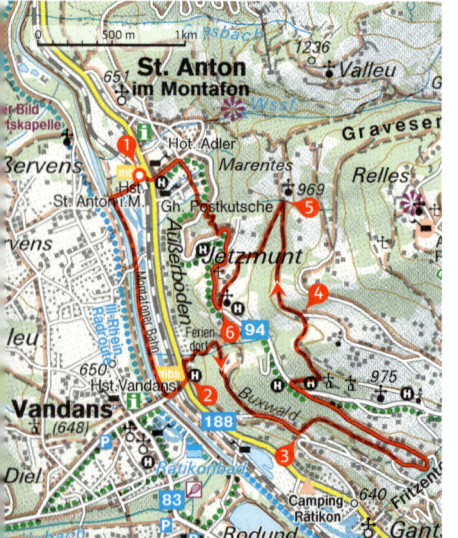

danser Steinwand zu. Vom **Maisäß Marentes** ❺, 969 m, einer früheren Dauersiedlung, öffnet sich plötzlich der Blick auf die Talenge bei Lorüns. Man schaut hinaus bis nach Bludenz und gewinnt eine beachtliche Aussicht auf Vandans. An der Verzweigung kurz vor der Kapelle wählen

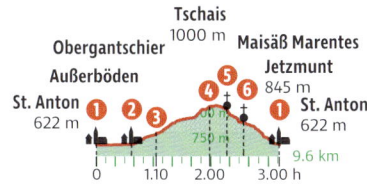

wir den Wanderweg talwärts nach **Jetzmunt** ❻, 845 m. Nun bummeln wir ein kurzes Stück auf einem Gehweg bergab und genießen nach der weiten Straßenschleife die Wanderwegkehren durch den Wald zurück nach **St. Anton** ❶.

Die Vandanser Steinwand vom Maisäß Marentes bei St. Anton.

2 Maisäß Mularientsch, 1006 m

Stille Wege durch erfrischenden Bergwald

Geruhsamer Waldaufstieg zu dem unter dem Golmer Joch versteckten Maisäß. Und auf einer amüsanten Schleichwegroute zurück ins Tal.

Ausgangspunkt: Vandans, ausgezeichnetes Blumendorf am Eingang des Rellstals; Bahnhaltestelle Vandans im Bartholomäberger Ortsteil Außerböden, 629 m, Parkplatz links am Gemeindeamt.

Anforderungen: Gut bezeichnete Pfade, Wander-, Forst- und Güterwege, am Anfang der Tour Dorfstraßen. Leichte Aufstiege.

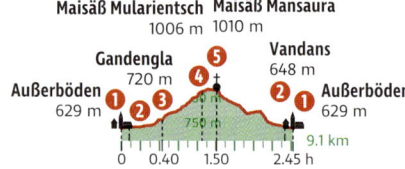

Wir spazieren von der Bahnhaltestelle Vandans in **Außerböden** ❶ auf einem Gehsteig über die Illbrücke nach **Vandans** ❷ und halten uns am Gemeindeamt Richtung Golmerbahn. Hinter uns ragt der imponierende Valkastielkamm auf, im Osten das Hochjochmassiv. Nach der Rellsbachbrücke lenkt uns der Wegweiser »Lendi« auf einen Wanderweg, der den bewaldeten Wildbach begleitet.

Ein Fahrweg verbindet die obersten Häuser von Innerbach mit dem Anwesen **Gandengla** ❸, 720 m. Der mit »Mularientsch« beschilderte Forstweg entlang einem Mischwaldhang schenkt nur selten Ausblicke nach Bartholomäberg und zur Montafoner Talenge. Der kaum begangene Aufstieg in Windungen durch den erfrischenden Sponnen- und Vornenwald lässt den Alltag vergessen und bringt uns zum abgeschieden auf einem winzigen

Wiesenfleck stehenden **Maisäß Mularientsch** . Es erwartet uns ein Kleinod, das zum Lauschen und Träumen verlockt.

Ein markierter Pfad quert nun eine Bachrinne und leitet zum ehemaligen **Maisäß Mansaura** ❺, 1010 m. Man wandert kurz bergab zur Kapelle mit Brünnlein und auf einem Güterweg weiter talwärts. An der Gabelung nach der Rellsbachbrücke wählt man den kleinen Gegenanstieg und anschließend den leicht abwärts führenden Waldweg Richtung Mazutt.

An der Tafel »Planatsch« weist das Schild »Diel-Kalkofa« auf einen Pfad, auf dem man durch den schönen Dielerwald zum Schießstand am Ortsbeginn von **Vandans** ❷ gelangt. Beim ehemaligen Kalkofen mit Andachtshäuschen geht's auf dem Inneren Dammweg am einst bedrohlichen, heute gezähmten Mustergielbach zurück nach **Außerböden** ❶.

Prachtvoller Montafoner Steingarten.

3 Heinrich-Hueter-Hütte, 1766 m

6.45 h

Strammer Ausflug zu beliebter Alpenvereins-Einkehr

In sonniger Lage am Bergfuß der Zimba erfreut sich über dem hintersten Rellstal die Heinrich-Hueter-Hütte der Alpenvereinssektion Vorarlberg einer königlichen Umgebung. Die behagliche Einkehr schenkt besonders schöne Ausblicke zur Drusenfluh und zu den Drei Türmen.

Ausgangspunkt: Bahnhaltestelle Vandans im Bartholomäberger Ortsteil Außerböden, 629 m, Parkplatz links am Gemeindeamt.

Anforderungen: Bestens bezeichnete Pfade und Güterwege. Mäßig steile Aufstiege.
Einkehr: Heinrich-Hueter-Hütte, www.hueterhuette.at.

Wir wandern von der Bahnhaltestelle Vandans in **Außerböden** ❶ über die Illbrücke nach **Vandans** ❷ und orientieren uns am Wegweiser »Kalkofa«. An der Brücke über den Mustergielbach geht es auf dem Inneren Dammweg sanft bergan zum ehemaligen Kalkofen mit Andachtshäuschen. Das Sträßchen Richtung Planatsch führt zum Schießstand unter der Vandanser

Blickfang über der Heinrich-Hueter-Hütte ist die scharf geschnittene Zimba.

Steinwand. Ab dort winden sich Pfadkehren durch den schönen Dielerwald. Bei der Tafel »Planatsch« nimmt man den Waldweg, der mit »Vandans« beschildert ist, und geht an der Einmündung in einen Güterweg kurz talwärts zur Tafel »Lendi«. Jetzt wendet man sich Richtung Ganeu und begibt sich nach der Brücke auf dem Rells-Bachweg ins Rellstal (bei Sperrung wegen Erdrutschen Güterweg auf der anderen Seite benützen).

Stege erleichtern auf dem Pfad hinter der Bachfassung das Queren von Sturzbächen entlang abschüssiger Mischwaldflanken. Noch vor Passieren einer Jagdhütte treten auf Höhe der Voralpe Ruggel nacheinander Saulakopf und Zimba auf die Bühne. Bei der Voralpe Vilifau stoßen wir nach der Rellsbachquerung wieder auf den Fahrweg. Wenig später stehen wir am Speicherbecken bei der **Rellskapelle** ❸, 1467 m, die von einer Gruppe kleiner Hütten umgeben ist.

Nach der Brücke nimmt man den deutlich steigenden Vilifauer Weg am Lünerbach. Dieser zieht sich in Schleifen zwischen Fichtengruppen empor und zum Schluss wieder über Alpweiden zur aussichtsreichen **Heinrich-Hueter-Hütte** ❹ an der Waldgrenze etwas oberhalb der Vilifau-Alpe.

Der Abstieg erfolgt auf dem Aufstiegsweg.

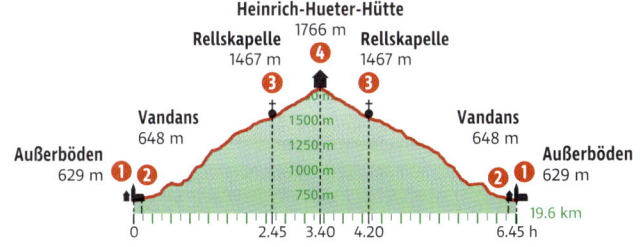

4 Kreuzjoch, 2261 m

Einfacher Zweitausender zwischen Rellstal und Gauertal

Harmlose Rätikongipfel mit Höhen deutlich über 2000 Meter sind rar. Das Kreuzjoch über dem obersten Rellstal ist eines dieser gefragten Wanderziele. Trotzdem verzeichnet unser Aufstieg keinen großen Andrang, da die meisten mit Unterstützung der Bergbahn vom Golmer Joch über den Latschätzkopf anrücken.

Ausgangspunkt: Bahnhaltestelle Vandans im Bartholomäberger Ortsteil Außerböden, 629 m, Parkplatz links am Gemeindeamt. Von dort um 7.50 Uhr mit dem Wanderbus Rellstal über die Bahnhaltestelle Vandans (7.55 Uhr) zum Alpengasthof Rellstal, Rückfahrt um 16.30 Uhr. Infos unter www.vandans.at/de/service-info/.
Anforderungen: Gut bezeichnete Steige und Pfade, kurze Güterwegabschnitte. Längerer Steilaufstieg.
Einkehr: Alpengasthof Rellstal, www.alpengasthaus-rellstal.at.

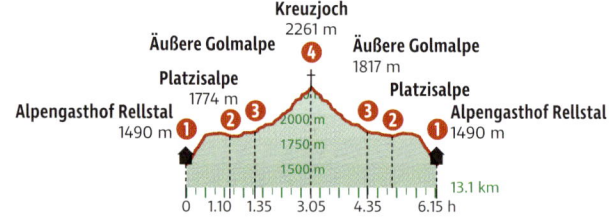

Vom **Alpengasthof Rellstal**  aus klettert der Platzisweg ein ziemliches Stück in anstrengenden Steigkehren durch den Schattenwald empor und quert über der Waldgrenze als flacher Pfad Zwergstrauchböden und ein Weidegebiet zur **Platzisalpe** ❷, 1774 m. Das Schmuckstück über dem Rellstal ist der majestätische Felszahn der Zimba mit den beidseitigen Nachbarn, der Brandner Mittagspitze und dem Großen Valkastiel (rechts). Aber auch der Blick übers äußerste Montafon hinterlässt Eindruck.

Zwergstrauchvegetation säumt wieder die unter der Kreuzjoch-Nordflanke weiter mühelose Route über den Golmer Bach zur **Äußeren Golmalpe** ❸, 1817 m, mit Skilift. Der von dort anfangs einen Güterweg benützende Golmer Seenweg steigt nun am Fuß des hufeisenförmigen Golmer Jochs vorbei und entführt uns, wieder als Pfad, in eine verträumte Weidemulde mit zwei winzigen Seen und einer kleinen Steilstufe. Nahe des Platziser

Felsenkönigin Zimba und die Hochmulde unter dem Kreuzjoch.

Jochs betreten wir den begrünten Nordrücken unseres Gipfelziels (dritter See), der rasch über letzte Weidehänge zum **Kreuzjoch** ❹ leitet. Bei einer Rast geben uns die fesselnden Kalkgestalten des Rätikon-Hauptkamms die Ehre. Jenseits des Gauertals grüßen die Tschaggunser Mittagspitze und das Schwarzhorn. Der Abstieg erfolgt auf dem Anstiegsweg.

↗ 1200 m | ↘ 1200 m | 23.5 km

5 Obere Zaluandaalpe, 1824 m

6.45 h

Auf gepflegtem Kurs im Banne der Zimba

Der mit Türmen besetzte Kamm des Zimbamassivs gilt als der prächtigste Seitenast im Rätikon. Auf dem erholsamen Weg zu den Zaluandaalpen schaut man der Felsgrazie Zimba, Wahrzeichen des Montafons und früher Cima Sarotla genannt, immer wieder aufs Neue begeistert ins Antlitz.

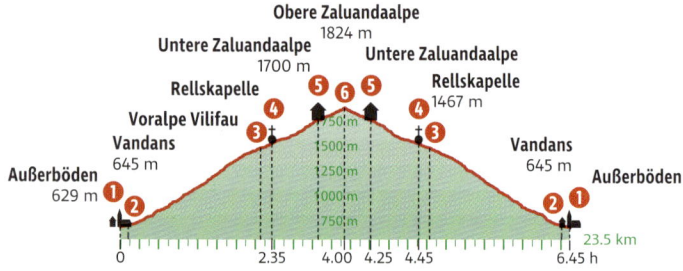

Ausgangspunkt: Bahnhaltestelle Vandans im Bartholomäberger Ortsteil Außerböden, 629 m, Parkplatz links am Gemeindeamt.

Anforderungen: Gut beschilderte Güterwege. Mäßig steile Aufstiege.

Einkehr: Alpengasthof Rellstal, www.alpengasthaus-rellstal.at, Untere Zaluandaalpe.

Blick von Schruns gegen die Rellstalöffnung mit Rätikon.

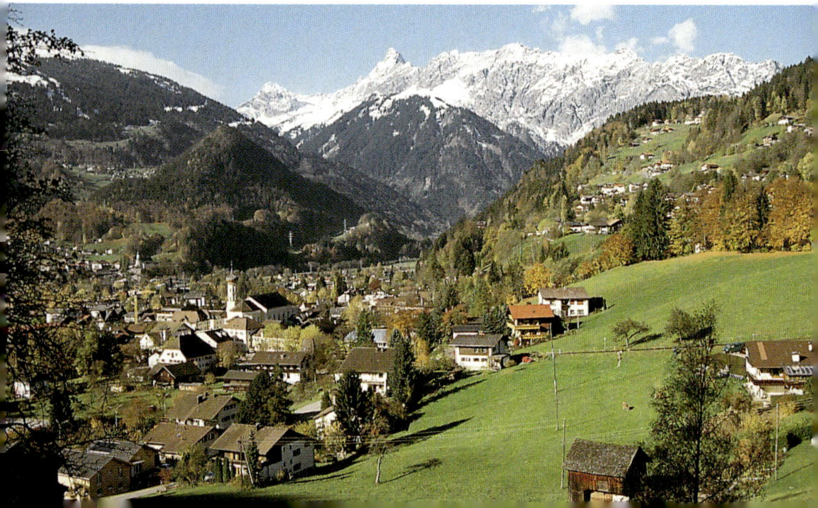

Wir spazieren von der Bahnhaltestelle Vandans in **Außerböden** ❶ auf einem Gehsteig über die Illbrücke nach **Vandans** ❷ und halten uns Richtung Rells (Rätikonstraße). Ab der Tafel »Lendi« schwingt sich ein Güterweg in wenigen Kehren durch Mischwald empor ins Rellstal. Zwischendurch zeigt sich in der schluchtartigen Tiefe der wild schäumende Rellsbach.

Überrascht steht man unter der Voralpe Ruggel vor Schafgafall, Saulakopf und Zimba. Hinter der **Voralpe Vilifau** ❸ öffnet sich am Speicherbecken bei der **Rellskapelle** ❹, 1467 m, mit kleiner Hüttenansammlung das Tal. Nach der Brücke über den Lünerbach dem Alpweg durchs Haupttal am Zaluandabach treu bleibend, das vormals den Namen Salonien trug, zieht uns gleich ein kurzer Abzweiger magisch hinüber zum Alpengasthof Rellstal.

Weiter taleinwärts verführt der Blick zurück auf die Pyramide der Zimba immer wieder zu einer kurzen Unterbrechung. Der über Weideböden sanft ansteigende Weg hält nach einer Weile mit deutlichem Aufschwung auf die wuchtige Drusenfluh zu. Anschließend lädt die **Untere Zaluandaalpe** ❺, 1700 m, zu einer kleinen Verschnaufpause bei einem Glas frischer Milch. Ein nun schmälerer Alpweg führt uns in energiesparenden Windungen zu der ringsum von Grasspitzen umgebenen **Oberen Zaluandaalpe** ❻. Der Abstieg erfolgt auf dem Anstiegsweg.

Aussichtsloge mit Blick auf die Bergriesen des Rätikons

Die Rätikontäler offenbaren dem Bartholomäberg ihre Geheimnisse in einer solchen Selbstverständlichkeit, dass man meinen könnte, diese Hanglagen seien speziell als Blickfenster für die alpine Riesentribüne geschaffen worden.

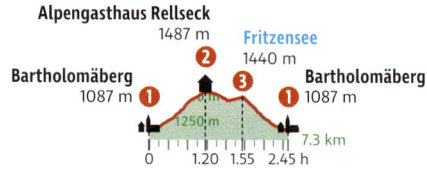

Ausgangspunkt: Bartholomäberg, verstreutes Bergdorf über dem Ausgang des Silbertals, Bushaltestelle bei der Kirche, 1087 m, Parkplatz.
Anforderungen: Bestens bezeichnete Wander- und Forstwege, Pfade und Anliegersträßchen. Angenehme Steigungen.
Einkehr: Alpengasthaus Rellseck, www.alpengasthaus-rellseck.at.

Der Wanderwegweiser »Rellseck über Linda« gibt bei der Kirche von **Bartholomäberg** ❶ die Route vor. An Gabelungen des Anliegersträßchens halten wir uns Richtung Monteneu. Während des Schlenderns entlang steiler Bergwiesen bezaubert jenseits der Ill das großartige Bergpanorama des zentralen Rätikons. Zusätzlich erfreut der Tiefblick auf Vandans und die vier Stauseen. Bald biegt unser Kurs auf einen Pfad ab. Bei der Querung eines Forstwegs (Asphaltende) wechselt die Route in einen am Anfang steilen Wanderweg. Ab den Maisäßhütten von Rellseck mit einer Kapelle und schönem Ausblick in den Walgau leitet ein Alpweg in Kürze zum **Alpengasthaus Rellseck** ❷.

Wir wandern auf der nach Innerberg führenden ungeteerten Fahrstraße an der winzigen Josefskapelle vorbei talwärts durch Fichtenwald und wählen an einer Gabelung den mäßig steigenden Forstweg zum idyllischen **Fritzensee** ❸, 1440 m, mit Maisäßhütten und Heustadeln. Auf dem Feldweg Richtung Bartholomäberg geht es bergab zu einem Feuchtgebiet mit Einblick ins Silbertal. Wo ein anschließender Graspfad im Wald verschwindet, steht die Erklärungstafel »Knappa-Gruaba«. Hier kann man bei einem historischen Bergwerk Spuren des einstigen Erzbergbaus entdecken. Der Pfad führt nun über Wiesen und durch Waldflecken im Bereich besiedelter Hanglagen zurück nach **Bartholomäberg** ❶.

Auf dem Rückweg am Fritzensee.

Itonskopf, 2089 m

Geologischer Lehrwanderweg der Extraklasse

Die vom Hauptgebirge abgerückte Nordwestecke des Verwalls begeistert durch ein ungewöhnlich abwechslungsreiches Landschaftsbild. Der Bartholomäer Lehrwanderweg bietet ganz nebenbei auch noch interessante Einblicke in die bedeutende Geologie des Äußeren Montafons.

Ausgangspunkt: Bartholomäberg, Bushaltestelle bei der Kirche in Innerberg, 1151 m, Parkplatz unterhalb an der Hauptstraße.
Anforderungen: Meistens bezeichnete Pfade und Güterwege, Steige kurzzeitig steil (am Itonskopf drahtseilgesichert). Trittsicherheit erforderlich. Tour nicht bei Nebel oder Schnee begehen!

Wir nehmen an der Kirche in **Innerberg** ❶ den Wanderweg Richtung Fritzensee. Beim Landhaus Ganahl folgt ein Waldstück. Auf dem Sträßchen über Bergwiesen hinauf nach Ober-Innerberg gewinnt man fesselnde Ausblicke ins Silbertal und ins stolze Bergrevier des Gauertals. Ein Güterweg und später ein Ziehweg leiten an Maisäßhütten vorbei (Fritzensee-Abstecher 5 Min). Nach einem Abschnitt über Weidelichtungen steigt bei einer **Jagdhütte** ❷ der Pfad des von Bartholomäberg kommenden geologischen Lehrwanderwegs zur Bergschulter **Monteneu** ❸, 1883 m, an, einer Rätikon-Schaukanzel par excellence. Auch die Silvrettaspitzen offenbaren sich in ih-

Der Itonskopf vom Aufstieg zum benachbarten Alpilakopf.

rer ganzen Pracht. Zwischen Latschenfeldern gelangen wir an Gipstrichtern vorbei aufs **Wannaköpfle** ❹, 2032 m. Jetzt weitet sich der Blick auch ins zentrale Verwall und übers Klostertal ins Lechquellengebirge. Bald nach kurzem Steigabstieg zu einem Sattel, 1960 m, müht man sich drahtseilgesichert steil empor zum schrofigen **Itonskopf** ❺.

Zurück am Bergfuß setzt man die beschauliche Lehrwanderroute fort mit einem kleinen Gegenanstieg zum begrünten **Alpilakopf** ❻, 2078 m. Nun geht es hinunter zu den Weideböden Obere Wies mit dem Naturdenkmal des Korallenriffs. Den folgenden Pfadabstieg begleiten wieder zunehmend Fichten. Ab dem Aussichtspunkt **Falla** ❼, 1750 m, oberhalb eines klaffenden Bergrutschgebietes wandert man längere Zeit durch Wald und über Lichtungen, bis man auf den bekannten Weg nach **Innerberg** ❶ stößt.

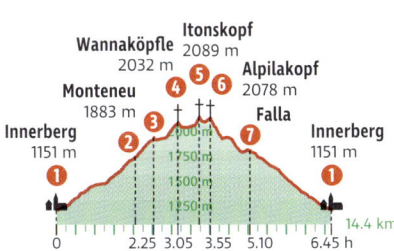

35

Von Dorf zu Dorf wie in der guten alten Zeit

Als wäre die Zeit vor 100 Jahren stehen geblieben. Beinahe so kommt sich der Ausflügler auf den verschwiegenen Wegen vom Hauptort des Tales hinauf zur ältesten Montafon-Gemeinde am Bartholomäberg vor, von den Einheimischen nur »der Berg« genannt.

Ausgangspunkt: Schruns, heilklimatischer Kurort und Metropole des Montafons in einer Talweitung an der Öffnung des Silbertals; Bahnhof, 680 m, Tiefgarage.
Anforderungen: Gut beschilderte Wander- und Fahrwege sowie Pfade. Leichte Steigungen.
Einkehr: In Bartholomäberg.

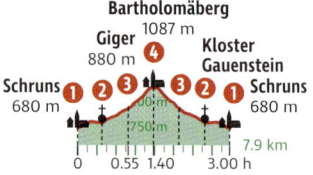

Die vom Bahnhof in **Schruns** ❶ nach Bartholomäberg führende Straße verlassen wir in der ersten Kurve, dem Kiebers-Rank, auf dem Broxweg durch Wald Richtung Kaltenbrunnen. Der flache Wanderweg schenkt gleich zu Beginn schöne Einblicke ins Gampadelstal. Bei ein paar Häusern leitet ein leicht fallender Fahrweg zum **Kloster Gauenstein** ❷, 728 m, Meditationszentrum und Pilgerstätte. An einer Verzweigung im Gaueser Wald verlassen sen wir die Kaltenbrunner Route, spazieren auf einem von manchem Felssturzblock gesäumten, romantischen Wanderweg leicht bergauf zur Parzelle **Batschif** und einem Wiesenpfad nach **Giger** ❸, 880 m. Von dem Richtung Bartholomäberg ausgeschilderten Fahrweg aus öffnet sich der Blick ins Gauertal mit der Sulzfluh sowie den Drei Türmen und das schluchtartige Rellstal vor der mächtig beeindruckenden Vandanser Steinwand mit der krönenden Zimba. Unter uns scharen sich die Häuser der Blumengemeinde Vandans mit den Rodundbecken. Ab einer Kapelle genießt man die herrliche Ausstrahlung des alten

Die Kirche von Bartholomäberg.

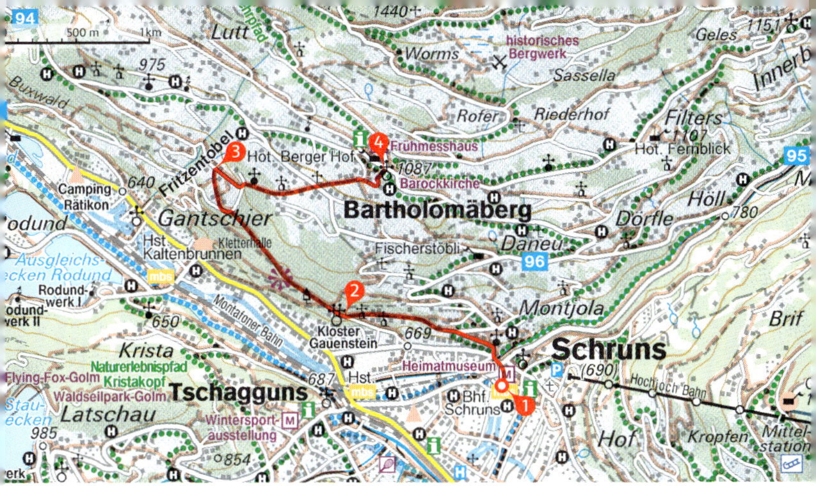

Kirchenweges, eines verträumten Wiesenpfad-Aufstiegs, ein Sträßchen querend, zur Kirche von **Bartholomäberg** ➍, wo auch das Silbertal seine Schönheiten preisgibt. Bevor man den Abstieg nach **Schruns** ➊ auf dem Anstiegsweg antritt, lohnt das schmucke, barocke Gotteshaus mit seiner weithin grüßenden, grünen Turmzwiebel und einer der bedeutendsten historischen Orgeln Österreichs einen Besuch.

Auf demselben Weg kehren wir zum Ausgangspunkt zurück.

Die hoch gelegene Gemeinde Bartholomäberg.

↗ 460 m | ↘ 460 m | 11.6 km

9 Von Schruns nach Silbertal

3.45 h

Entdeckungsrunde im Tal der Litz

Der Unterlauf der Litz verbindet die beiden Gemeinden Schruns und Silbertal. Kurzweilige Wanderwege erschließen die dünn besiedelten, durch Tobel gegliederten Hanglagen oberhalb des brausenden Gebirgsflusses.

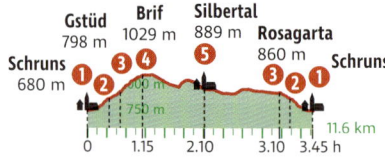

Ausgangspunkt: Schruns, Bahnhof, 680 m, Tiefgarage.
Anforderungen: Gut beschilderte Pfade, verkehrsfreie Sträßchen und Waldwege, kurzzeitig nur Pfadspuren. Lediglich mäßige Steigungen.
Einkehr: In Silbertal.

Wir beginnen die spannende Silbertalrunde am Bahnhof in **Schruns** ❶, gehen Richtung Silbertal und bergauf zur Kirche. Nach der Schule lenkt der Wegweiser »Brif« auf einen Pfad, der zum Armenhausbühel ansteigt und einen hübschen Tiefblick auf den von der kühn geformten Tschaggunser Mittagspitze überragten Marktflecken bietet. Ein stilles Sträßchen bringt uns über den Ortsteil **Gstüd** ❷ nach **Rosagarta** ❸, 860 m. Über steile Bergwiesen einzelne Höfe passierend, schaut man über die Talkerbe der Litz zu den verstreuten Häusern von Innerberg und zum Itonskopf.
In der Parzelle **Brif** ❹, 1029 m, lenkt das Schild »Silbertal« zum letzten Haus. Dort führt ein Waldweg bergab über den Vermalatobel. Oberhalb der Parzelle Schöffel halten wir uns an das Wandertäfelchen »Ganlätsch«. Ab dem Anwesen Höfle, 920 m, folgen wir mit Bachquerung im Frauenlobtobel dem ansteigenden Waldpfad nach **Ganlätsch**, 980 m, wo es unter der

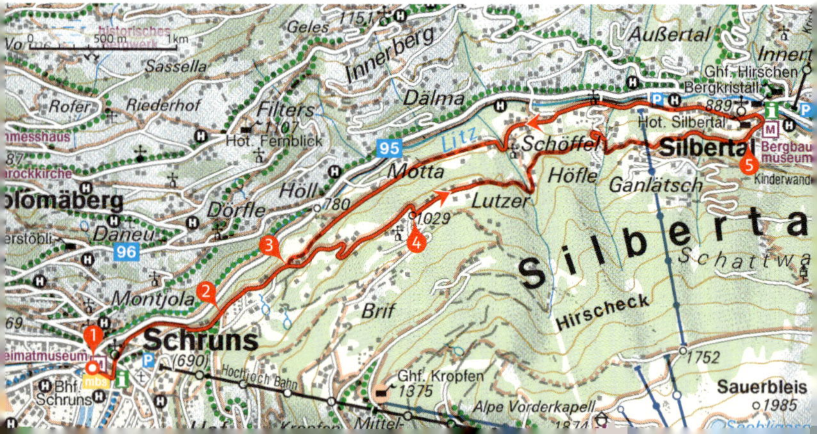

Heuernte im vorderen Silbertal.

Kapell-Bergbahn hindurchgeht. Eine stille Bergstraße leitet hinunter nach **Silbertal ❺**, 889 m, mit Blick auf das Lobspitzmassiv.

Nach behaglichem Wirtshausbesuch geht es für uns weiter an der Kirche, wo ein Anliegersträßchen zum Ortsteil Matta beginnt. Über eine Bachbrücke kommen wir zur Talstation der Kapell-Bergbahn, wo wir den Litzufer-Wanderweg nehmen. Zu den Häusern von **Schöffel**, 870 m, müssen wir auf der Schöffelstraße ein kleines Stück bergan steigen. Anschließend nimmt uns ein Pfad auf, der bald in einen Waldweg wechselt. An der Abzweigung auf der Winterhalde bleiben wir der Hauptroute Richtung Brif treu und stoßen nach aussichtsreichem Pfadabschnitt in **Rosagarta** wieder auf den bekannten Weg zurück nach **Schruns ❶**.

↗ 740 m | ↘ 740 m | 10.6 km

10 Maisäß Lifinar, 1280 m

4.15 h

Montafoner Kulturlandschaft unter dem Hochjochstock

Wer über die gepflegten Schrunser Maisässe unter dem Hochjochmassiv wandert, kann noch ein wenig den Atem längst vergangener Tage spüren, als viele Montafoner allein von der kärglichen Landwirtschaft lebten und den letzten Grashang nötig brauchten, um die große Familie durchzubringen.

Ausgangspunkt: Schruns, Bahnhof, 680 m, Tiefgarage.
Anforderungen: Gut bezeichnete Güterwege und Pfade, ruhige Bergsträßchen. Mittelsteile Steigungen.
Einkehr: Gasthof Kropfen an der Hochjochbahn, www.kropfen-hochjoch.at.

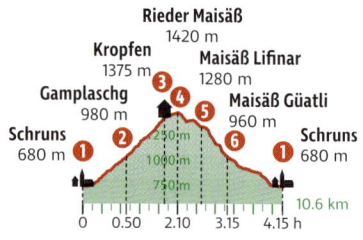

Wir gehen vom Bahnhof in **Schruns** ❶ Richtung Silbertal und bergauf zur Kirche. Nach der Schule nehmen wir geradeaus das stille Bergsträßchen zum Ortsteil Gstüd. Richtung Gamplaschg geht's unter der Hochjochbahn hindurch. Der Zimba vermag kein Felsnachbar die königliche Schau zu stehlen. An einer Verzweigung wählen wir den Ziehweg Richtung Kropfen und kommen nach **Gamplaschg** ❷, 980 m, überragt vom Hochjochmassiv.

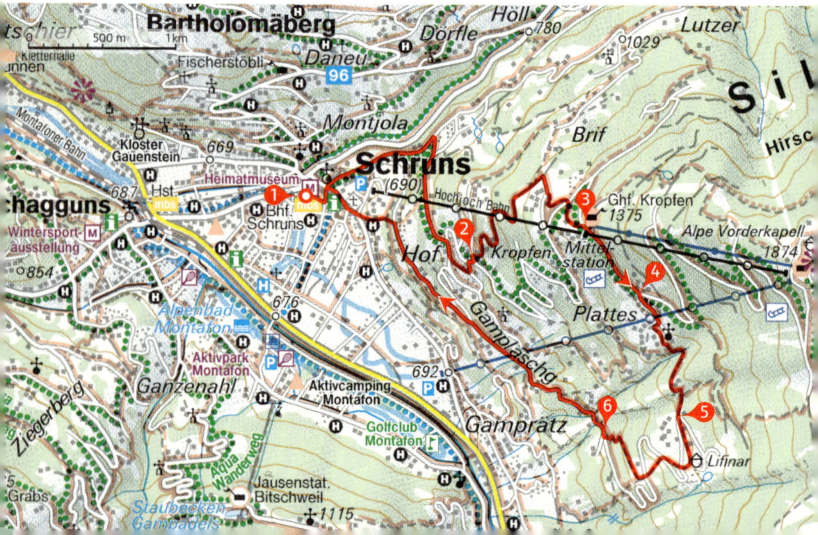

Bei den oberen Häusern bleibt man weiter auf dem meist über Bergwiesen steigenden Ziehweg über die Maisässe Gantschier und Gäßgass bis **Kropfen ❸**, 1375 m, mit der Mittelstation der Hochjochbahn und einer Einkehrmöglichkeit.

Den nur noch leicht steigenden Güterweg in Richtung Lifinar verlassen wir beim Hüttendörfchen **Rieder Maisäß ❹**, 1420 m. Ein etwas fallender Pfad schleicht nach Querung des durch den Teustobel rauschenden Sturzbachs am Maisäß Galzig vorbei und mit Überschreiten des Bargustobelbachs zu den abgeschiedenen Alpmatten des **Maisäß Lifinar ❺** unter der Kreuzjochflanke.

Wir folgen nach eingehendem Bestaunen des Rätikon-Panoramas anfangs dem Güterweg und später einem Zickzackpfad in Richtung Hof durch

Wie in alten Zeiten: Montafoner Kulturlandschaft während des Aufstiegs nach Kropfen.

Fichtenwald bergab. Beim **Maisäß Güatli ❻**, 960 m, nimmt uns der Fahrweg wieder auf. Nochmals sind die beiden Tobel sowie der Niggatobel zu überqueren, dann schlendert man ab den Häusern von **Dörfli**, 900 m, auf einem ruhigen Sträßchen gemütlich über **Kapiescha** nach **Hof**, 780 m. Zuletzt genießt man die mit »Hochjochbahn Talstation« beschilderten Wanderweg-Serpentinen durch hübschen Buchenwald bergab zurück nach **Schruns ❶**.

Kreuzjoch und Zamangspitze, 2386 m

Verwall-Bergsteigen leicht gemacht

Die für das stille Verwall untypisch gesellige Höhenwanderung auf dem Hochjochmassiv, von den Einheimischen Kapell genannt, zählt zu den schönsten Bergerlebnissen im Montafon.

Ausgangspunkt: Schruns, Talstation Hochjochbahn, 690 m, Tel. +43 (0)5557 6300; Parkplatz.
Anforderungen: Bestens bezeichnete Güterwege, Wanderwege und Steige.

Längerer, mittelsteiler Aufstieg.
Einkehr: Kapell-Restaurant auf der Kapellalpe, Tel. +43 (0)5557 6300, Wormser Hütte, www.wormser-huette.at.

Ab **Schruns** ❶ trägt uns die Hochjochbahn in zwei Sektionen zur **Kapellalpe** ❷, 1855 m, mit Restaurant. Ein Pfad steigt am Alpkreuz vorbei und mündet an der Bergstation eines Skilifts in einen Güterweg. Bald windet sich ein Steig über eine steile Grasflanke mit Lawinenverbauungen empor zum **Sennigrat**, 2289 m (mit Sesselbahn erreichbar). Die Welt der Kämme und Gratschneiden, Türme und Zinnen zeigt sich so mannigfaltig, dass es viel Papier bräuchte, alle zu nennen. Mehr als 200 Gipfel soll das Auge von der Grathöhe erfassen. Der ferne Bodensee gesellt sich hinzu.

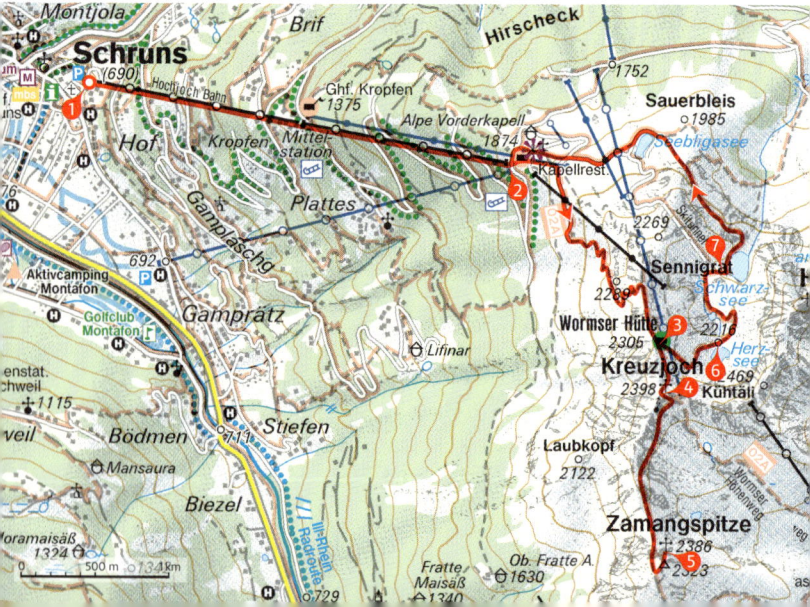

Die Wormser Hütte, im Hintergrund die Rote Wand im Lechquellengebirge.

Über den Kamm bummelt man auf einem Wanderweg zur **Wormser Hütte** ❸, 2305 m, der Alpenvereinssektion Worms. Der Wegweiser »Wormser Höhenweg« zeigt auf einen Steig, der in Kürze östlich des Grates das **Kreuzjoch** ❹, 2395 m, erreicht, richtig »Kapelljoch«. Der Übergang zur Zamangspitze mogelt sich ohne Probleme, sanft fallend, ostseitig unter einem Schrofenkamm vorbei und später in leichtem Auf und Ab zu einem Sattel, 2310 m. Entlang der grasigen Westflanke ignoriert man den ersten Steilaufstieg zum nächsten Gipfelziel und gewinnt nach einer Blockmulde bei einem Paraglider-Startplatz über den überraschend einfachen Südwestrücken rasch die **Zamangspitze** ❺ mit einer Silvrettaschau vom Allerfeinsten.

Nach der Rückkehr zur Wormser Hütte entscheiden wir uns für den Seeweg, einen Wanderweg. Dieser erschließt die beiden romantischen, grünen Karmulden mit dem **Herzsee** ❻, 2216 m, und mit dem **Schwarzsee** ❼, 2085 m. Weidezböden leiten nach der Querung einer Steilstufe am Seebligasee vorbei zur Bergstation **Kapellalpe** ❷ mit der Gondel nach **Schruns** ❶.

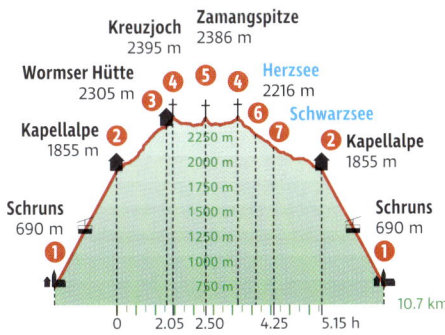

Höhenbummelei zwischen Klostertal und Silbertal

Muttjöchle nennt sich der mit einer umfassenden Rundsicht überraschende, höchste Punkt des wenig auffallenden Bergstocks zwischen dem Itonskopf und den recht alpinen Eisentaler Spitzen. Auch der nördlich benachbarte, etwas niedrigere Mittagstein lässt sich problemlos besuchen.

Ausgangspunkt: Silbertal, Erholungsdorf im gleichnamigen Tal; Bushaltestelle an der Kristbergbahn, 880 m, Parkplatz.

Anforderungen: Gut bezeichneter Pfad und Steig. Meistens nur mäßige Steigungen.
Einkehr: In Kristberg.

Die Kristberg-Seilbahn befördert uns von der Bushaltestelle im alten Bergwerksdorf **Silbertal** ❶, der einzigen innerhalb des Verwalls gelegenen Siedlung, zur Parzelle **Kristberg** ❷, 1442 m. Kurz vor der Kapelle leitet ein Pfad bergan zum nahen Kristbergsattel. St. Agatha beherbergt aus dem Wallis stammende Reliquien des Walser-Heiligen Theodul und gilt als das älteste Gebetshaus im Montafon. Knappen haben diese Andachtsstätte als Dank für die glückliche Errettung nach einem Stolleneinsturz erbaut, der sie bei lebendigem Leib verschüttet hatte.
Im Bereich des Schlepplifts geht's Richtung Muttjöchle angenehm steigend über den bewaldeten Höhenrücken zu einem Absatz. Nach einer erholsa-

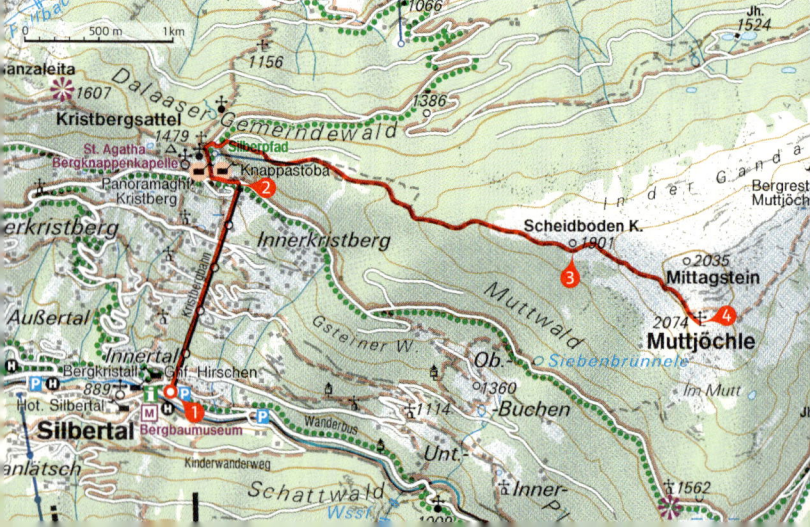

Am Kristberg über dem Silbertal.

men Zwischenetappe streben wir zwischen üppigem Blaubeerangebot auf einem Steig der Waldgrenze entgegen und erreichen den unbedeutenden **Scheidbodenkopf** ❸, 1901 m. Zwischendurch gibt das Fichtengeäst den Blick frei, einerseits durch das Silbertal hinaus in den Rätikon, zum anderen übers Klostertal zu den gewaltigen Dolomitburgen des Lechquellengebirges, wo insbesondere die Rote Wand eine recht stattliche Figur macht. Am Lobspitzmassiv vorbei schauen wir hinein ins geheimnisvolle hinterste Silbertal. Im Süden baut sich der bullige Hochjochstock auf. Ohne große Anstrengung wandern wir über Zwergstrauchhänge, umgeben von himmelragenden Felsriesen auf die wenig ausgeprägte Bergkuppe des **Muttjöchle** ❹ mit Tiefblick ins einsame Wasserstubental. Wer möchte hier nicht gerne den Rest des Tages staunend verweilen?

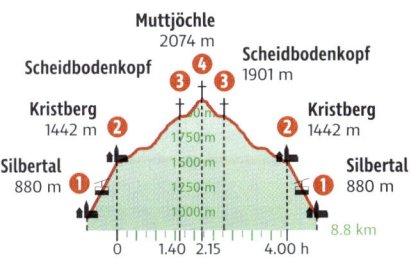

45

13 Maisäß Stöcken, 1200 m

Unterhaltsame Spritztour in verträumte Bergwinkel

Wo sich das Wasserstubental ins Silbertal öffnet, locken in der prächtigen Gebirgsecke unter den Fellimännle-Abstürzen die anheimelnden Maisäß-hütten von Stöcken mit dem pfiffigen Hasahüsli zu einem erholsamen Tal-Spaziergang im westlichen Verwall.

Ausgangspunkt: Silbertal, Bushaltestelle an der Kristbergbahn, 880 m, Parkplatz.
Anforderungen: Gut beschilderte Wan-der- und Güterwege, Pfade. Mäßige Stei-gungen.
Einkehr: Gasthaus Fellimännle, www.fellimaennle.at, Berggasthaus Hasahüsli, www.hasahuesli.at.

Ein Fußgängersteg bringt uns in **Silbertal** ❶ nach dem Bushalt an der Talstation der Kristbergbahn über die Litz zum Sportplatz. Zwischen zwei Fischteichen folgen wir einem flachen Wanderweg. Im weiteren Verlauf steigt die erfrischende Route durch das mischwaldbestandene, enge Silbertal mäßig bergan. Stets begleitet uns das Flussrauschen der Litz. Eine

Silbertal und Lobspitzmassiv.

Brücke trägt uns unter dem Sprühnebel eines schönen Wasserfalls über den Mündungsarm des Teufelsbachs. Anschließend queren wir Richtung hinteres Silbertal ein Forststräßchen, dem wir nach dem Aussichtspunkt Bannwaldschlucht folgen. Wenig später entdecken wir nochmals einen reizvollen, parallel verlaufenden Wanderwegabschnitt. Ab der Selbstversorgerhütte Hubertusstube, 1060 m, verflacht das Tal wieder. Weiter geht es an den auf winzigen Wiesenlichtungen stehenden Taler Maisäßhütten und dem Gasthaus Fellimännle (kleiner Abstecher) vorbei. An der Gabelung nach der Holzerhütte nehmen wir jenseits der Litzbrücke den Pfad bergauf zum nahen Berggasthaus **Hasahüsli** ❷, 1140 m. Güterwegwindungen passieren die Hütten des **Maisäß Stöcken** mit einer kleinen Windkraftanlage. In der Hochwanne unter dem markanten Dreiergipfel verstecken sich die Alpgues-Seen.

Kurz nach dem Maisäß wählen wir, einen ins Wasserstubental führenden Forstweg berührend, den kurzweiligen Pfad durch Jungwald bergab zum **Gasthaus Fellimännle** ❸ mit kleinem Fischteich und Wasserrad an einem Kneippbächlein. Hinter der hübsch gedeckten Fußgänger-Holzbrücke mündet der Mini-Rundkurs in die bekannte Talroute.

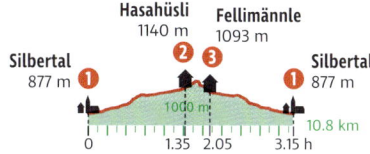

14 **Obere Freschhütte, 1890 m**

Unberührte Hochgebirgsszenerie im Herzen des Verwalls

Die romantische, wegen ihrer 31 Kilometer Länge als mittelschwer einzustu-fende Genusstour durch das gesamte, nahezu unberührte Silbertal in die nordländisch anmutende Glaziallandschaft des zentralen Europaschutzge-bietes Verwall zählt zu den nachhaltigsten Unternehmungen im Montafon.

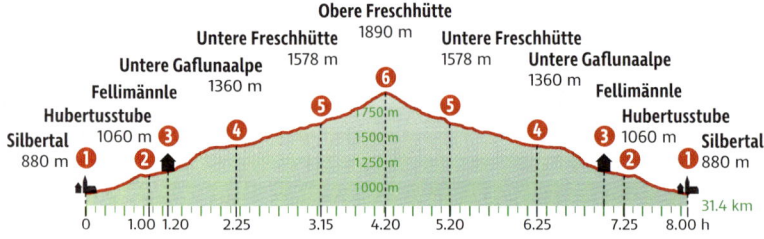

Ausgangspunkt: Silbertal; Bushalte-stelle an der Kristbergbahn, 880 m, Parkplatz.

Anforderungen: Gut beschilderte Forst- und Ziehwege. Mäßige Steigun-gen. Ausdauer erforderlich.

Einkehr: Gasthaus Fellimännle, www.fellimaennle.at.

Wir folgen an der Kristbergbahn in **Silbertal** ❶ der Talstraße und dann einem unmerklich stei-genden Forststräßchen ins eng eingeschnittene Hochgebirgstal. An der wilden Litz auf die Lob-spitze zuhaltend, kommen wir zur Bannwaldkapelle. Nach we-nigen Kehren verflacht sich das Tal ab der Selbstversorgerhütte **Hubertusstube** ❷, 1060 m, wie-der. Weiter geht es an den Taler Maisäßhütten und dem **Gasthaus Fellimännle** ❸, kleiner Abstecher nach links, vorbei.

Unberührte Traumlandschaft bei der Oberen Freschhütte im zentralen Verwall.

An der Gabelung beim Berggasthaus Hasahüsli beachten wir den Wegweiser »Gaflunaalpe«. Nach deutlichem Anstieg zur Querung des Gieslabach-Schuttstroms setzt sich unter der Giesla- und Ronaalpe der beschauliche Kurs fort. Schon taucht die **Untere Gaflunaalpe** ❹, 1360 m, auf. Hinter den Brücken über die Litz und den Gaflunabach folgen wir an einer Talverzweigung der Hauptroute. Nächste Station ist die **Untere Freschhütte** ❺, 1572 m. Auf einem Ziehweg durch die Krummholzzone passieren wir, den Patteriol vor der Nase, den Schwarzen See, 1700 m, und zwei weitere kleine Seespiegel und erreichen die private **Obere Freschhütte** ❻. Der Abstieg erfolgt auf demselben Weg.

15   Lindauer Hütte, 1744 m

Erlebnis Gauertal

Der bekannte Alpenmaler E. T. Compton nannte die innerste Umrahmung des Gauertals den »schönsten Talschluss der Ostalpen«. Doch nicht nur die markante Sulzfluh und das Felsbollwerk der Drusenfluh mit den Drei Türmen ziehen den Bergwanderer an, auch der Garten der Lindauer Hütte mit alpiner Flora und farbenfroher Pracht aus vielen Hochgebirgen der Erde.

Ausgangspunkt: Tschagguns, Dorf am Ill-Ufer, Bushaltestelle beim Kraftwerk im Ortsteil Latschau, 990 m, Parkplatz.
Anforderungen: Gut beschilderte Alpwege und Pfade. Zumeist mäßige Steigungen.
Einkehr: Lindauer Hütte, Tel. +43 (0)664 5033456, www.lindauerhuette.com, Gauertalhaus, Tel. +43 (0)664 1561221, www.gauertalhaus.naturfreunde.at.

Der Wegweiser »Gauertal« lenkt uns beim Kraftwerk in **Latschau** ❶ auf ein schmales Sträßchen. Der zu Beginn deutlich ansteigende Güterweg überbrückt den wilden Rasafeibach. Nun bleiben wir stets der mit »Lindauer Hütte« beschilderten Hauptroute links des Bachs treu. Unterwegs über Alpböden an den Hütten des **Vollspora-Maisäß** ❷, 1160 m, vorbei weitet sich das Tal. Die mit Wald und wenigen Matten überzogenen Bergflanken des kristallinen Bereichs werden auf der Linken von der hier nicht sichtbaren kalkalpinen Tschaggunser Mittagspitze abgelöst. Dann schließt sich mit dem Schwarzhorn ein schmaler Streifen vulkanischen Gesteins an.
Nach stärker ansteigendem Waldgelände quert man auf einer Weidelichtung eine Bachrinne. Auf dem Abschnitt durch den herrlichen Porzalenga-

Der Talschluss des Gauertals.

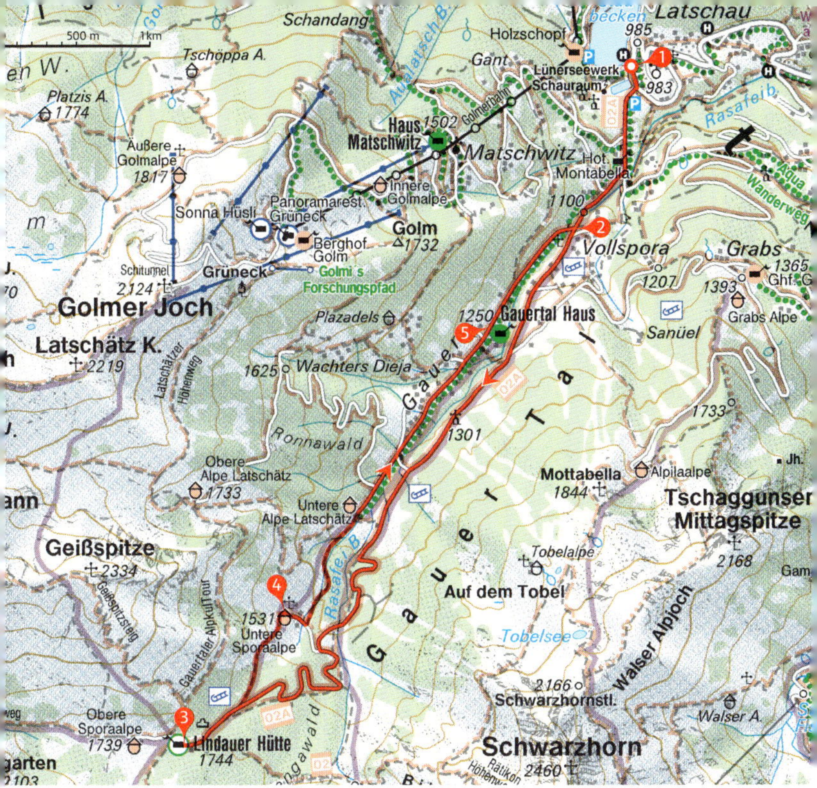

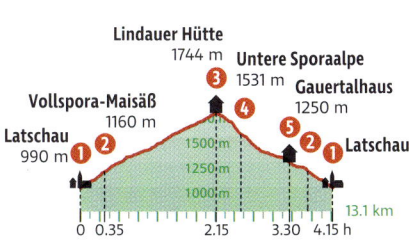

wald im Talschluss schieben sich die leuchtenden Wandfluchten der Kleinen Sulzfluh und des gepanzerten Karrenfeld-Abbruchs deutlicher ins Bild (nicht zur Unteren Sporaalpe abzweigen). Dann ist auf einem latschenüberwachsenen Moränenrücken die **Lindauer Hütte** ❸ der DAV-Sektion Lindau erreicht.

Wir gehen zunächst kurz auf dem Anstiegsweg zurück und wählen dann den links abzweigenden Wanderweg, später Pfad, auf der anderen Talseite. Dieser führt über die **Untere Sporaalpe** ❹, 1531 m, zur Unteren Latschätzalpe. Auf einem Güterweg geht es am **Gauertalhaus** ❺, 1250 m, vorbei zurück nach **Latschau** ❶.

Golmer Joch und Geißspitze, 2334 m

Zügige Drei-Gipfel-Runde mit optischen Hochgenüssen

Der Golmer Höhenweg entpuppt sich zusammen mit dem Geißspitzsteig und dem Latschätzer Höhenweg als klassische Gipfelrunde. Die bizarren Turm-Drillinge mit der unbegreiflich glatt gehobelten Sporerplatte lassen einen nicht mehr los.

Ausgangspunkt: Tschagguns, Bushaltestelle an der Golmerbahn in Latschau, 994 m, Parkplatz.
Anforderungen: Gut markierte Pfade und Steige, anfangs Fahrweg. Kurz mittelsteil im Aufstieg, steiler Abstieg. Trittsicherheit nötig, Tour bei Nässe nicht ratsam.
Einkehr: Berghof Golm, www.berghof-golm.at, Restaurant Grüneck, Tel. +43 (0)5556 70184500, Lindauer Hütte, Tel. +43 (0)664 5033456, www.lindauer-huette.com, Latschätzalpe, Tel. +43 (0)5556 77318.

Wir fahren ab **Latschau** ❶ mit der Seilbahn zur **Bergstation Golm** ❷, 1892 m, mit dem Berghof Golm und dem Panorama-Restaurant Grüneck. Der herrliche Golmer Höhenweg steigt erst als Fahrweg, später als bequemer Pfad über das Weidegebiet am Grüneck empor zum **Golmer Joch** ❸, 2124 m, mit fantastischem Blick in den Rätikon. Nach leichtem Steigabstieg zu einem Joch, 2094 m, bummeln wir zum begrünten **Latschätzkopf** ➍, 2219 m. Nun geht's auf einem kurzen Grat bergab zu einem weiteren Joch, 2185 m, über eine winzige Zwischenerhebung und entlang der Südostabdachung des Kreuzjochgipfels mit etwas Höhenverlust zum **Hätaberger Joch** ➎, 2154 m.

Der Geißspitzsteig (Hätaberger Weg) beginnt mit einem kleinen Gratstück, bevor er unter dem schrofigen Wilden Mann eine steile Bergflanke quert. An der Kreuzspitze vorbeiwandernd kommen wir mit nochmals geringem Abstieg zu einem Sattel, 2250 m. Hier präsentieren sich die Sulzfluh, die Drei Türme und die Drusenfluh besonders imponierend. Auch der Westgrat auf den Gras-

Geißspitze, vom Tobelsee aus gesehen.

gipfel der **Geißspitze** ➏ bereitet keinerlei Probleme. In steilen Pfadkehren steigen wir jetzt über den Südosthang hinunter zur **Lindauer Hütte** ➐, 1744 m, an der Waldgrenze. Nach einer Stärkung müssen wir kurz zurück zu einer Verzweigung. Dort wählen wir den flachen Latschätzer Höhenweg. Der Pfad führt zwischen Latschen hindurch, quert eine Gebüschzone und bringt uns durch einen Waldstreifen zur **Latschätzalpe** ➑, 1733 m. Nach sanftem Gegenanstieg über Weiden und Alpenrosenhänge schaukelt uns die Gondel von der **Bergstation Golm** ➋ nach **Latschau** ➊.

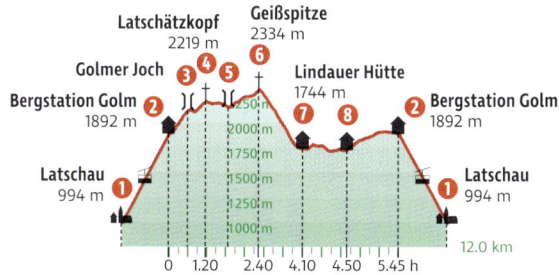

17 Schweizertor, 2137 m

Packende Drusenfluh-Umrundung

Für die grenzüberschreitende Umwanderung eines der wildesten Montafon-Felsreviere, vom Talschluss des Gauertals über das Drusentor zum Rätikon-Höhenweg Süd, der hier identisch mit dem Prättigauer Höhenweg ist, und zurück über den Öfapass, ist die Lindauer Hütte der ideale Stützpunkt.

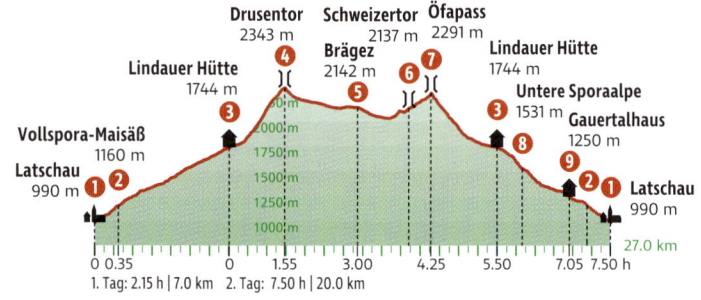

Drusentor 2343 m
Schweizertor 2137 m
Öfapass 2291 m
Brägez 2142 m
Lindauer Hütte 1744 m
Lindauer Hütte 1744 m
Untere Sporaalpe 1531 m
Vollspora-Maisäß 1160 m
Gauertalhaus 1250 m
Latschau 990 m
Latschau 990 m

27.0 km

0 0.35   0   1.55   3.00   4.25   5.50   7.05 7.50 h
1. Tag: 2.15 h | 7.0 km   2. Tag: 7.50 h | 20.0 km

Ausgangspunkt:
Tschagguns, Bushalte-
stelle beim Kraftwerk
im Ortsteil Latschau,
990 m, Parkplatz.
Anforderungen: Bis
Lindauer Hütte siehe
Tour 15. Dann ausrei-
chend bezeichnete
Pfade und Steige, zu-
letzt Ziehweg. Län-
gerer steiler Aufstieg.
Trittsicherheit erfor-
derlich. Grenzüber-
tritt.
Einkehr/Unterkunft:
Lindauer Hütte, Tel.
+43 (0)664 5033456,
www.lindauerhuette.
com, Gauertalhaus,
Tel. +43 (0)664 1561221,
www.gauertalhaus.
naturfreunde.at.

Das Massiv der Drei Türme von Süden betrachtet.

Zustieg zur **Lindauer Hütte** ❸ wie bei Tour 15. Hinter der **Lindauer Hütte** weist das Schild »Drusentor« auf einen Pfad über einen Moränenwall und einen Weidehang. Oberhalb der Krummholzzone klettern Steigkehren über die blockübersäte Geröllflanke der Unteren Grube. Hinter dem Schutt ei- ner flacheren Hochmulde erreicht man das **Drusentor** ❹, 2343 m, an der Schweizer Grenze. Nach kurzem Abstieg mündet der Kurs rechts in den fla- chen Prättigauer Höhenweg, einen bequemen Pfad. Unter den Abstürzen des Massivs der Drei Türme geht es nun, quer über Schuttströme und mit- unter von Alpenrosen gesäumt, mit Prättigau-Blick durch die Weidekessel Großganda und Mittelganda. Hinter uns fesselt die kantige Sulzfluh über der Garschinafurgga. Wir nähern uns der bastionsartigen Drusenfluh-Südwand. Die ehemalige Route der eingewanderten Walser legt jetzt eine Schleife um den grünen Bergsporn mit der Anhöhe **Brägez** ❺. Nach leichtem Ab- stieg zur Heidbühlganda und einer nochmals längeren Querung verlassen wir an einer Gabelung den Höhenweg der Bündner Seite und mühen uns auf einem Steig über Schutthalden und begrünte Bänder sowie eine kurze Leiter und wenige Tritthilfen steil empor in das zwischen den Felspartien der Kirchlispitzen und der Drusenfluh eingelagerte grüne **Schweizertor** ❻. Der Wegweiser »Lindauer Hütte« lenkt auf einen Pfad. Über eine Viehweide wandert man auf einem Abschnitt des Rätikon-Höhenwegs Nord hinauf zum **Öfapass** ❼, 2291 m. Die karge Alpwanne des Öfatals leitet, zuletzt auf einem Ziehweg an den Hütten der Sporaalpe vorbei, wieder bergab zur **Lindauer Hütte** ❸. Von dort aus erfolgt der Abstieg wie bei Tour 15.

TOP
18 Großer Turm, 2830 m

Eine der fesselndsten Rätikongestalten

Direkt über der Lindauer Hütte bäumen sich in atemberaubender Eleganz die scharfen Zähne der Drei Türme auf, von den Schweizern Dri Türm oder Drusatürm genannt. Nach Walther Flaig bilden sie das schönste Dreigestirn der Nördlichen Kalkalpen.

Ausgangspunkt: Tschagguns, Bushaltestelle beim Kraftwerk im Ortsteil Latschau, 990 m, Parkplatz.
Anforderungen: Bis Lindauer Hütte siehe Tour 15. Dann ausreichend bezeichnete Steige und Steigspuren, anfangs Pfad, evtl. abschüssige Firnfelder. Längere steile Aufstiege. Nur für erfahrene Bergwanderer. Trittsicherheit, zuverläs-siges Wetter, etwas Kondition und Orientierungssinn erforderlich. Bei Hartschnee Eispickel empfehlenswert. Nicht bei Nebel!
Einkehr/Unterkunft: Lindauer Hütte, www.lindauerhuette.com, Tel. +43 (0)664 5033456, Gauertalhaus, Tel. +43 (0)664 156 1221, www.gauertalhaus.naturfreunde.at.

Zustieg zur **Lindauer Hütte** ➌ wie bei Tour 15. Hinter der **Lindauer Hütte** weist das Schild »Drusentor« auf einen Pfad, der einem Moränenwall folgt und einen Weidehang überwindet. Oberhalb der Krummholzzone klettern Steigkehren über die blockübersäte Geröllflanke der Unteren Grube. An der Verzweigung unter der Hochmulde, die zum Drusentor führt, orientieren wir uns am Wegweiser »Drei Türme«. Man quert nun am Fuß des Kleinen Turms steile Schutthänge und mogelt sich, auf den Sporaturm zuhaltend, durch die bröselige Schwachstelle eines Felsriegels in den **Sporasattel** ➍, 2420 m. Unmarkierte Windungen ziehen sich erst im linken, oben mehr im rechten Bereich durch die Geröllwanne des weit in den Sommer hin-

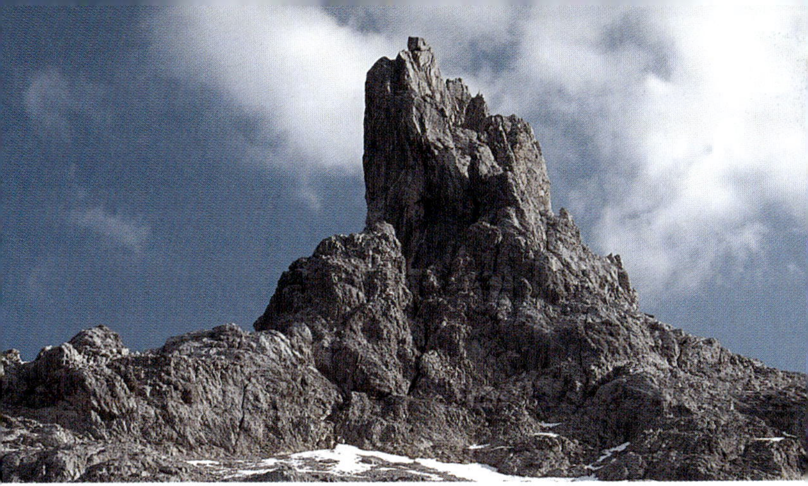

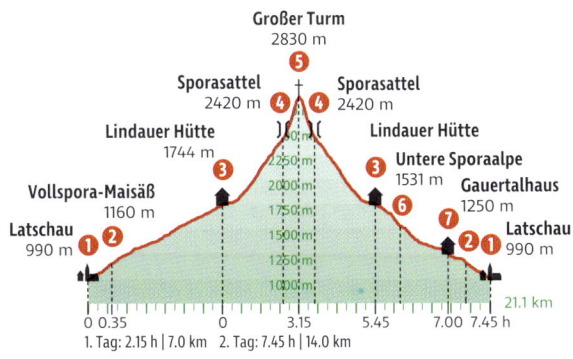

Der Kleine Turm beim Aufstieg zum Großen Turm.

ein schneebedeckten Sporatobels empor. Im Westen erheben sich die zum Teil überhängenden Nordwände des Mittleren und Großen Turms über der Sporaplatte. Was für ein Gipfelziel!

Anstrengendes Schrofengelände führt uns an der schneidigen Felskrone des Kleinen Turms vorbei und um den Mittleren Turm herum und zeigt, wie es um die Kondition bestellt ist. Die überraschend geräumige, schuttbedeckte Südostabdachung ermöglicht schließlich auf Steigspuren den problemlosen Zugang zum **Großen Turm** ❺, dem höchsten Gipfel weit und breit. Der Abstieg erfolgt auf dem Anstiegsweg und folgt ab der Lindauer Hütte dem Rückweg von Tour 15.

Großer Turm
2830 m
5
Sporasattel
2420 m
4
Sporasattel
2420 m
4
Lindauer Hütte
1744 m
3
Lindauer Hütte
3
Untere Sporaalpe
1531 m
Vollspora-Maisäß
1160 m
6
Gauertalhaus
1250 m
7
Latschau
990 m
1
2
2
1
Latschau
990 m
2250 m
2000 m
1750 m
1500 m
1250 m
1000 m
21.1 km
0 0.35
0
3.15
5.45
7.00 7.45 h
1. Tag: 2.15 h | 7.0 km
2. Tag: 7.45 h | 14.0 km

Talschau vom Feinsten

Als kurz, aber knackig entpuppt sich der Aufstieg in den Gipfelfelsen der etwas bedrohlich wirkenden Tschaggunser Mittagspitze. Einen weiteren Glanzpunkt stellt nach dem unvergesslichen Tiefblick der attraktive Tobelsee dar.

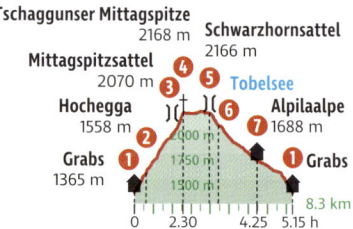

Ausgangspunkt: Alpengasthof Grabs, 1365 m, bei Tschagguns. Zufahrt mit eigenem Pkw auf schmalem Bergsträßchen möglich (vorherige Anfrage wegen verfügbarem Parkplatz: Tel. +43 (0) 5556 72584), in Tschagguns Richtung Latschau und an Telefonzelle nach Grabs abbiegen. Als Alternative mit dem Taxi Filzmaier (Tel. +43 (0) 5556 78080) ab dem Gemeindeamt, Parkplatz.

Anforderungen: Überwiegend bezeichnete Pfade, Steige und Steigspuren, Alpwege. Längere steile Aufstiege. Nur für erfahrene Bergwanderer. Für kurze Kletterei (I) Trittsicherheit und Orientierungssinn nötig. Nicht bei Nässe oder Nebel!
Einkehr: Alpengasthof Grabs, www. gasthof-grabs.com, Alpilaalpe, Tel. +43 (0)664 5988782.

Blick vom Walser Alpjoch zum Tilisuna-Seehorn.

Am **Alpengasthof Grabs** ❶ beginnt der mit »Hochegga« beschilderte Pfad über Weidehänge an der Alpe Grabs vorbei und an einem Skilift bergauf. Vom Absatz **Hochegga** ❷ wählen wir den nur noch leicht steigenden, blauweiß markierten Steig durch Fichtenwald Richtung Mittagspitze. Nach einem steileren Zwischenspiel öffnet sich der Wald. Zwischen Zwergsträuchern und Erlengebüsch legt die Tour mit Felsstufen wieder an Steigung zu. Auf einer winzigen Schulter breitet sich das »Felsentheater« um die Lindauer Hütte vor uns aus. Es folgt ein kleiner Gratabstieg und die Querung eines teils geröllbedeckten Hanges. An einer Verzweigung wird der Gipfel auf blockübersätem Rasen westlich umgangen. Die Ostseite zeigt sich mit Türmen und Wandabstürzen auf dem **Mittagspitzsattel** ❸, 2070 m, noch beeindruckender. Nach einem schrofigen Absatz leiten unmarkierte Steigspuren in leichter Kletterei (I) kurz über solide gestuften Fels auf die **Tschaggunser Mittagspitze** ❹. Zurück am Mittagspitzsattel führt der Mittagspitzsteig über eine grasige Zwischenerhebung und mit felsigen Passagen zum Minigipfel des **Walser Alpjochs**, 2186 m, vor dem Schwarzhorn. Über den **Schwarzhornsattel** ❺ steigen wir bergab zum **Tobelsee** ❻, 2041 m (siehe Foto Seite 53), einem der prächtigsten Plätze ganz Vorarlbergs. Oberhalb der Tobelalpe vorbei geht's, später auf einem Alpweg, hinunter zu den kleinen Steinhütten der **Alpilaalpe** ❼, 1688 m, und von Hochegga auf bekanntem Weg zurück zum **Alpengasthof Grabs** ❶.

↗ 890 m | ↘ 890 m | 9.5 km

4.45 h

Unscheinbares Bergziel mit großer Ausstrahlung

Bereits aus Silvretta-Gneis aufgebaut, lockt der »Dornröschenberg« Hora in herrlich unberührter Berglandschaft, über der Nahtstelle zwischen der Außer- und der Innerfratte, den Liebhaber der Einsamkeit zum Ruhetanken. Der wohlklingende Name bezieht sich auf die Mittagstunde, da die Sonne für die Schrunser genau während der Mittagspause über dem Berg steht.

Ausgangspunkt: Parkplatz unterhalb des Wasserbehälters in Bitschweil, 1080 m, bei Tschagguns, zu erreichen von der Kirche auf der mit dem Wanderwegweiser »Bitschweil See« ausgeschilderten, sehr schmalen und unübersichtlichen Bergstraße.

Anforderungen: Teilweise bezeichnete Güter- und Fußwege, Pfade und Steige. Längerer steiler Aufstieg. Orientierungssinn unerlässlich, nicht bei Nebel!

Wir nehmen vom Wasserbehälter in **Bitschweil ❶** den anstrengenden Güterweg an der Kapelle, den ehemaligen Maisäßhütten und der alten Schule vorbei und über Wiesenlichtungen bergan zum Maisäß Mansaura, 1248 m. Jenseits des Illtals erheben sich der Bartholomäberg mit dem Itonskopf und der Hochjochstock.

Wir erreichen nach wenigen Wegwindungen die Hütten des **Äußeren Hora-Maisäß ❷**, 1360 m, und wenden uns auf dem Pfad Richtung Horaalpe südwärts zum Nachbarhüttendorf Inneres Hora-Maisäß, 1420 m. Nun geht's dürftig markiert den Rücken des Horawaldes empor, bald über viele Forstwegkehren, zur verfallenen **Mittleren Horaalpe ❸**, 1734 m. Über Strauchhänge oberhalb des steil abfallenden Maurenwaldes einem Steig folgend, gelangt man zur **Horaalpe ❹**,

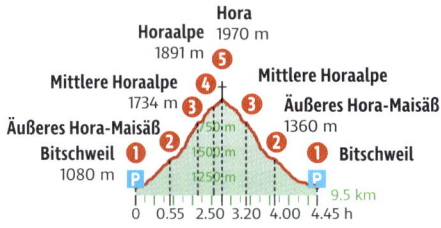

Hora
1970 m
Horaalpe
1891 m **5**
Mittlere Horaalpe **4**
Mittlere Horaalpe
1734 m **3** **3**
Äußeres Hora-Maisäß **3** **3** Äußeres Hora-Maisäß
1360 m
Bitschweil **1** **2** **2** **1** Bitschweil
1080 m

9.5 km
0   0.55   2.50 3.20   4.00 4.45 h

1891 m. Von hier lässt sich die kaum je besuchte Gweilgruppe näher betrachten. In Kürze strebt man weglos über alpenrosengeschmückte, mäßig geneigte Bergheide der vergessenen **Hora** **5** mit Steinmännchen zu, der nördlichsten Schulter auf dem Bergkamm. Über der tiefen Kerbe des Gampadelstals grüßen die Sulzfluh, das Schwarzhorn und die Tschagguner Mittagspitze, und im Südosten offenbart sich die Silvretta. Ein völlig unbedeutendes Bergziel und dennoch eine einprägsame Ausstrahlung! Der Abstieg erfolgt auf dem Anstiegsweg.

Blühende Bergheide bei der hoch gelegenen Horaalpe.

21 Tilisunahütte, 2211 m

Durchs Gampadelstal im Ost-Rätikon

Malerische Berglandschaften mit botanischem und geologischem Reichtum erwarten den ausdauernden Wanderer auf der 23 Kilometer langen Route durchs berauschende Gampadelstal und rund ums Tilisuna-Seehorn.

Ausgangspunkt: Tschagguns, Bushaltestelle Lochmühle im oberen Ortsteil, 800 m, Parkplatz nach Bachbrücke.
Anforderungen: Gut bezeichnete Steige (kurz weglos) und Pfade, Güterwege, anfangs Bergsträßchen. Langer Steilaufstieg. Ausdauer erforderlich.
Einkehr: Tilisunahütte, Tel. +43 (0)664 1472896, www.tilisuna-huette.at, Tilisunaalpe, Tel. +43 (0)664 6533080.

An der Telefonzelle unterhalb der Bushaltestelle Lochmühle in **Tschagguns** ❶ starten wir auf der Ziegerbergstraße über Bergwiesen Richtung Grabs. An einer Verzweigung richten wir uns nach dem Schild »Gampadelsalpe« und schleichen auf einem Güterweg hinein in das verschwiegene, gleichnamige Hochtal. Überm Gampadelsbach führen die Schleifen in angenehmer Steigung unter der Tschaggunser Mittagspitze durch Waldflecken zur **Gampadelsalpe** ❷, 1363 m. Dort zweigt die anfangs über eine Viehweide weglose Seewegroute Richtung Tilisunahütte ab. Der spätere Steig klettert in geologisch vielfältiger Umrahmung über schweißtreibende, blumenreiche Weidehänge mit Zwergstrauchvegetation zur

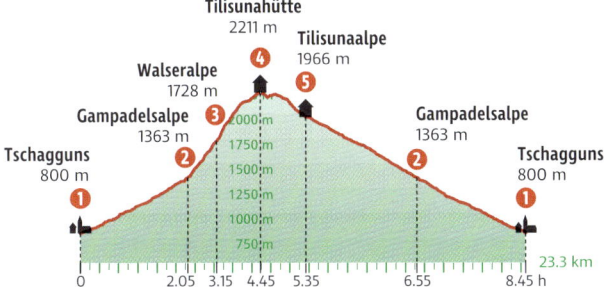

Walseralpe ❸, 1728 m. An der Gabelung nach einer kleinen Bachquerung wählen wir den Kessiweg und mühen uns empor zum Fuße des beeindruckenden Schwarzhorns. Über die feuchten Matten der Schwarzhornebene erreicht man nahe der Schweizer Grenze, oberhalb des Tilisunasees, die **Tilisunahütte ❹** der Alpenvereins-Sektion Vorarlberg.

Der Wegweiser »Grubenpaß« lenkt auf den Abstiegspfad, der durch eine Mulde zu einem Seelein führt. Von der dortigen Gabelung hinunter zur **Tilisunaalpe ❺**, 1966 m, begeistert ein weiterer Bergsee. Nun leitet ein teilweise in die Felsen gesprengter, abenteuerlicher Güterweg durch einen Tunnel und in Serpentinen über eine Steilstufe zur Querung des Tilisunabachs. Beim kleinen Stausee Fischkalter erreichen wir wieder die Weideböden der Gampadelsalpe, wo wir die bekannte Route nach **Tschagguns ❶** aufnehmen.

Unterhalb der Tilisunahütte ragt über dem gleichnamigen See das Tilisuna-Seehorn auf.

22 Sulzfluh, 2818 m

2 Tage

🚌 ✕

Einfachster Gipfelriese Vorarlbergs

Gute 2000 Meter beträgt der Höhenunterschied einer Sulzfluhbesteigung ab Tschagguns. Klar, dass sich da die Tilisunahütte für eine Übernachtung aufdrängt. Auch Konditionsstarke werden dem landschaftlich außergewöhnlichen Gang über die gemächliche Nordabdachung zum hochalpinen Regenten des Osträtikons nachhaltigere Eindrücke abgewinnen, wenn sie nicht die Hektik der Tagestour hetzt.

Ausgangspunkt: Tschagguns, Bushaltestelle Lochmühle im oberen Ortsteil, 800 m, Parkplatz nach Bachbrücke.
Anforderungen: Bis Tilisunahütte siehe Tour 21. Dann ausreichend bezeichnete Pfade und Steige, harmloses Firnfeld.

Mäßige Steigungen. Zuverlässiges Wetter erforderlich, nicht bei Nebel!
Einkehr/Unterkunft: Tilisunahütte, Tel. +43 (0)664 1472896, www.tilisunahuette.at, Tilisunaalpe, Tel. +43 (0)664 6533080 (nur Einkehr).

Aufstieg zur **Tilisunahütte** ④ wie bei Tour 21. Dort weist uns das Schild »Sulzfluh« auf einen gemütlich über wellige Matten ansteigenden Pfad. Das warnende Pfeifen der Murmeltiere begleitet uns zum Nordostausläufer des hellen Sulzfluhmassivs, wo ein Steig den Pfad ablöst. Gestein und Vegetation wechseln sich ab. Nach einer Mulde verläuft die zusätzlich mit Steinmännchen markierte Route im Bereich der Schweizer Grenze angenehm steigend über ein ausgedehntes, plattiges Karrenfeld und hält ein Stück auf die Kleine Sulzfluh zu. Pittoresk, wie ein während des Sturms erstarrtes Meer – mancher mag sich in der weiten, köstlich unordentlichen Plateau-Welt vorkommen, als wandle er auf einem fremden Planeten. Hinter uns bauen sich Weißplatte und Scheienfluh auf. Auch das kleine Gipfelfirnfeld, ein Überrest des einstigen Sporagletschers, erweist sich als völlig harmlos.

An der Sulzfluh lässt uns ein Felsspalt hinüber ins Schweizer Prättigau spitzeln.

Zu den augenfälligsten Gipfeln beim Blick von der königlichen **Sulzfluh** ❺, die man über den kurzen Westrücken erreicht, gehören: Wildspitze und Ortler, eine ganze Reihe von Silvretta-Majestäten, Piz Palü und Piz Bernina und fast in Reichweite die Drei Türme. Als protziger Wandblock bricht die Südseite auf die Partnuner Bergmähder ab. Immer wieder fesselt das Aufeinanderprallen der verschiedenartigen Gebirgsbildner. Da noch leuchtender, verwitterungsfreudiger Thitonkalk der Nördlichen Kalkalpen, unmittelbar daneben dunkles, »urwüchsiges« Kristallingestein der Zentralalpen. Der Abstieg erfolgt auf dem Aufstiegsweg und führt uns ab der Tilisunahütte auf dem in Tour 21 beschriebenen Weg zurück nach **Tschagguns** ❶.

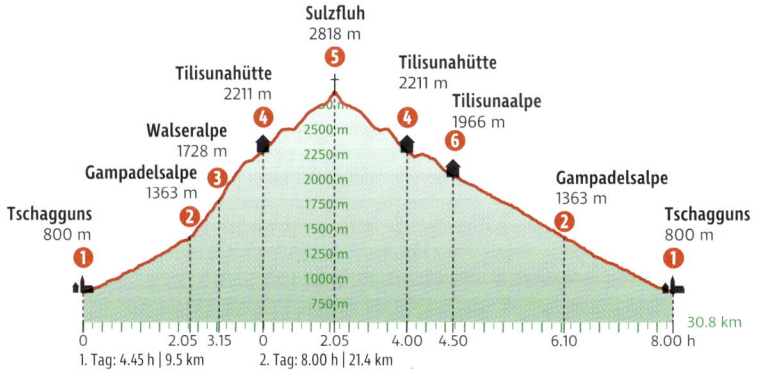

65

23 Über den Plasseggenpass nach Graubünden

3 Tage

🚌 🍴

Rund um Weißplatte und Scheienfluh

Auf der spannenden Zweiländertour rund um die beiden monströsen Kalkfestungen Weißplatte und Scheienfluh erleben wir sowohl einen Abschnitt des Rätikon-Höhenwegs Nord als auch des Rätikon-Höhenwegs Süd.

Ausgangspunkt: Tschagguns, Bushaltestelle Lochmühle im oberen Ortsteil, 800 m, Parkplatz nach Bachbrücke.
Anforderungen: Bis Tilisunahütte siehe Tour 21. Dann gut bezeichnete Pfade und Steige, kurzer Alpweg. Mäßige Steigungen mit steilen Aufschwüngen.

Achtsamkeit bei Nebel! Grenzübertritt.
Einkehr/Unterkunft: Tilisunahütte, Tel. +43 (0)664 1472896, www.tilisuna-huette.at und in Partnun-Stafel (Berghaus Sulzfluh, Tel. +41 (0)81 3321213, www.sulzfluh.ch), Tilisunaalpe, Tel. +43 (0)664 6533080 (nur Einkehr).

Aufstieg zur **Tilisunahütte** ❹ wie bei Tour 21. Der Wegweiser »Grubenpaß« lenkt dort auf den Rätikon-Höhenweg Nord, einen gemütlichen Pfad, der durch eine Mulde zu einem Seelein leitet. Bald nach der dortigen Gabelung überschreiten wir den **Grubenpass** ❺, 2241 m. Über Alpweiden geht's zwischen dem kristallinen Platinakopf und der karstigen Weißplatte in leichtem Auf und Ab an weiteren winzigen Seen vorbei durchs Tilisunatäli zum **Plasseggenpass** ❻, 2354 m, an der Grenze nach Graubünden. Abermals stehen sich zwei Gesichter gegenüber, die unterschiedlichen geologischen Formationen angehören: die Sarotlaspitze und die Scheienfluh.

Eine Verbindung zum Rätikon-Höhenweg-Süd führt über die Weiden von Plasseggen, Bachrinnen querend, sanft talwärts. Wenige Steigkehren bringen uns durch die Engi, einen steilen Graben. Schließlich begleitet uns der Tällibach zum Maisäß-Dörfchen **Partnun-Stafel** ❼, 1763 m, im hintersten St.-Antönier-Tal. Dort

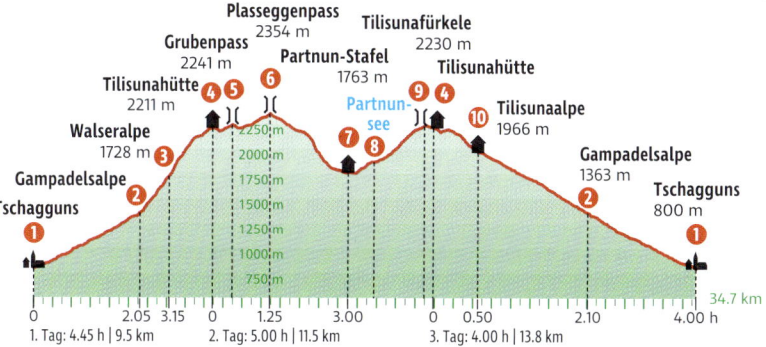

Plasseggenpass
2354 m
Tilisunafürkele
2230 m
Grubenpass
2241 m
Partnun-Stafel
1763 m
Tilisunahütte
Tilisunahütte
2211 m
Partnun-
see
Tilisunaalpe
1966 m
Walseralpe
1728 m
Gampadelsalpe
1363 m
Gampadelsalpe
Tschagguns
Tschagguns
800 m
2250 m
2000 m
1750 m
1500 m
1250 m
1000 m
750 m
34.7 km
0
2.05
3.15
0
1.25
3.00
0
0.50
2.10
4.00 h
1. Tag: 4.45 h | 9.5 km
2. Tag: 5.00 h | 11.5 km
3. Tag: 4.00 h | 13.8 km

stößt die Route auf den Großen Walserweg von Klosters zur Garschinahütte. Wie ein gigantischer Schutzwall bauen sich die leuchtenden Kalkwände der Weißplatte und Scheienfluh über der typischen Walser Streusiedlung auf.

Auf einem Alpweg, später auf einem Pfad, spaziert man, zur Linken die gewaltigen Sulzfluhabstürze, am Schanielabach durch das beweidete Hochtal hinauf zum **Partnunsee** 8, 1869 m. Für den wenig anstrengenden Weiterweg übers **Tilisunafürkele** 9, 2230 m, an der Vorarlberger Grenze wählt man an der Kreuzung namens Tritt in Richtung Lindauer Hütte vorzugsweise den abkürzenden Steig mit ein paar steilen Aufschwüngen zur **Tilisunahütte** 4. Dieser begeistert mit der eigenwilligen, blumen- und dolinengeschmückten Karstlandschaft der Gruben, über uns die Sulzfluhhöhlen. Für den Abstieg gehen wir zunächst den schon bekannten Pfad Richtung Grubenpaß und dann weiter wie in Tour 21.

Am Partnunsee im Schweizer Rätikon.

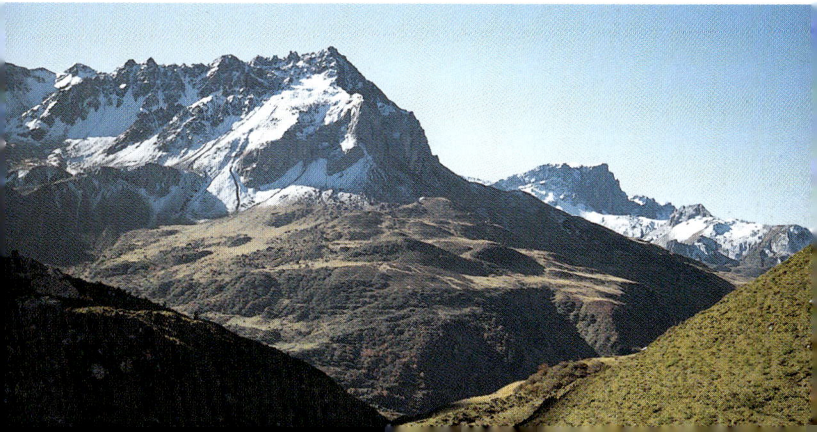

24 | **Weißplatte, 2630 m** | 2 Tage 🚌 🍴

Amüsante Pfadfinderei durch eine Schrattenkalkwüste

Bereits vom Alpenvereinsstützpunkt aus blickt uns die trutzige, hell gekleidete Karstburg der Weißplatte, von den eidgenössischen Bergwanderern Wiss Platte genannt, mit gerunzelter Stirn entgegen – so, als wären ihr die heutigen Anwärter nicht ganz geheuer.

Ausgangspunkt: Tschagguns, Bushaltestelle Lochmühle im oberen Ortsteil, 800 m, Parkplatz nach Bachbrücke.
Anforderungen: Bis Tilisunahütte siehe Tour 21. Dann überwiegend wegloses, beschwerliches Karstgelände mit leichten Kletterstellen (I), aber ausreichend markiert; anfangs Pfad, zuletzt Steigspuren. Mäßige Steigungen mit steilen Aufschwüngen. Trittsicherheit, Orientierungssinn und zuverlässiges Wetter erforderlich. Nicht bei Nebel oder Schnee!
Einkehr/Unterkunft: Tilisunahütte, Tel. +43 (0)664 1472896, www.tilisuna-huette.at, Tilisunaalpe, Tel. +43 (0)664 6533080 (nur Einkehr).

Aufstieg zur **Tilisunahütte** ❹ wie bei Tour 21. Der Wegweiser »Grubenpaß« lenkt dort auf den Rätikon-Höhenweg Nord, einen gemütlichen Pfad, der über Weideböden durch eine Mulde zu einem Seelein leitet. Bald nach der dortigen Gabelung betreten wir den **Grubenpass** ❺, 2241 m.
Direkt an der Grenztafel verlassen wir die nach Partnun führende Route. Steinmännchen weisen über die unterschiedlich steilen, nordostgerichteten Schrofenhänge mit artenreicher Felsflora den weglosen Aufstieg. Dieser verläuft mit kleinem Höhenverlust und kurzen Etappen auf an-

Aussicht von der Weißplatte über den teilweise überhängend abstürzenden Felszahn der Scheienfluh in die Silvretta.

genehmen Rasenböden nahe der rechtsseitigen Wandabbrüche entlang der Staatsgrenze, die leichte Biegungen beschreibt. Fesselnd ist der Blick von hier auf die Verwallgipfel. Die skurril zerfurchten Karrenplatten setzen den richtigen Blick für die geschicktesten Tritte voraus. An manchen Passagen heißt es »ein wenig Hand anlegen«. Das Wasser läuft hier bei Niederschlag und Schneeschmelze durch die Spalten in die Tiefe ab und weitet das Kluftsystem durch chemische Lösungsvorgänge zu »Karren«. Zwischen diesen bilden sich messerscharfe Rippen und feinste Verästelungen, die »Schratten« – eine Alpinlandschaft en miniature, ein Eldorado für Barfuß-Fakire.

Nach der deutlichen Richtungsänderung ab dem **Fluhkopf** ❻ nach Süden folgt auf Steigspuren ein stärker ansteigendes Zwischenstück. Zuletzt strebt man geradewegs dem höchsten Punkt der **Weißplatte** ❼ entgegen. In zerborstenen Wänden bricht dieser ausgezeichnete Rundblickgipfel zum Partnunsee ab, direkt gegenüber der zum Teil völlig glatt gehobelt scheinende Koloss der Sulzfluh. Der Abstieg erfolgt bis zur bekannten Gabelung nach dem Grubenpass auf dem Aufstiegsweg, dann folgen wir rechts dem Abstiegsweg von Tour 21 nach **Tschagguns** ❶.

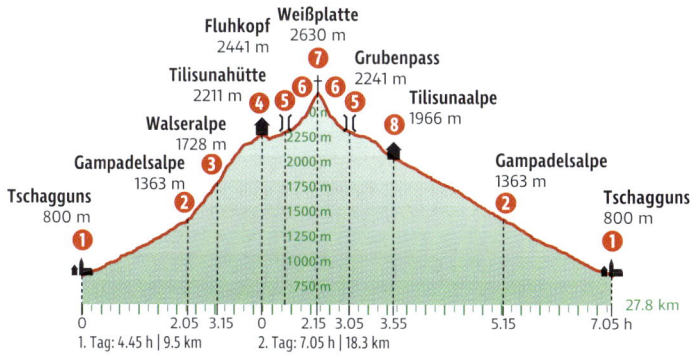

25 Auf dem Illweg nach Gaschurn

Talspaziergang zwischen Verwall und Silvretta

Ein schattiger Promenadeweg entlang der Ill verbindet die beiden Gemeinden St. Gallenkirch und Gaschurn. Zur Linken die wuchtigen Erscheinungen der Verwallgruppe, rechterhand die Waldsockel der Silvrettaberge, kann man sich auf dem kurzweiligen Ausflug durch die malerische Innerfratte so richtig entspannen, ohne dass auch nur der geringste Freizeitstress aufkommt.

Ausgangspunkt: St. Gallenkirch, 860 m, verstreuter Ferienort im Hochmontafon; Bushaltestelle an der Kirche, 878 m, Parkplatz kurz zuvor.

Anforderungen: Gut beschilderte Wanderwege. Keine nennenswerte Steigung.
Einkehr: In Gaschurn.

Wir folgen in **St. Gallenkirch** ❶ bei der Bäckerei nahe der Kirche dem Widumweg Richtung Schwimmbad und einem Feldweg in die Talsohle. Jenseits der Brücke nehmen wir den nach Gortipohl beschilderten Illweg. Der Wanderweg führt den Fluss entlang und an den letzten übriggebliebenen der einst 15 Ziegenställe vorbei. Die »Kühe der Armen« brachten hier die Nacht zu.

Talwanderziel Gaschurn, Hauptort des Hochmontafons.

Der reizvolle, entspannende Auwaldkurs wird abschnittsweise von verstreuten Felstrümmern gesäumt. Wir spazieren unter der Garfreschabahn hindurch und queren bald darauf ein Weidegebiet. Ab und an überschreitet man kleine Bachläufe. Am Sportgelände des Gortipohler Ortsteils **Schattenort** ❷, 895 m, geht's über eine Straßenbrücke.

Am Gegenufer begleitet uns mit Ausblicken zu Zamangspitze, Scheimersch und Grappeskopf im Verwall weiter der Fluss, bevor der Illweg unter dem rechterhand aufragenden Gantekopf erneut in den Auwald eintaucht. Beim Freizeitpark Hochmontafon leitet der Radweg im Gaschurner Ortsteil **Außerbach** ❸ unter der Bundesstraße hindurch. Nach Querung des gebändigten Valschavielbachs gelangen wir auf einem kleinen Pfadabschnitt und zuletzt auf dem Gehsteig der Dorfstraße zur Kirche von **Gaschurn** ❹. Nach **St. Gallenkirch** ❶ könnte man auch mit dem Bus zurückfahren.

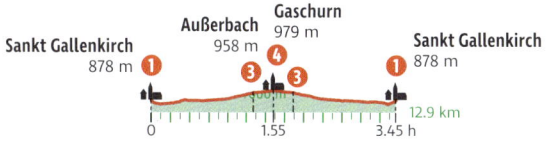

26 Gantekopf, 1958 m

3.45 h

🚌 🍴 👫

Äußeres und Inneres Montafon auf einen Blick

In der Nordwestecke der Silvretta lädt der schmale Ausläufer des Versettla-kamms zwischen den Bergstationen der Garfrescha- und der Versettlabahn zu einer unbeschwerten Höhenbummelei, die sich durch herausragende Talblicke sowohl ins Äußere als auch ins Innere Montafon auszeichnet.

Ausgangspunkt: St. Gallenkirch, Bushal-testelle in Gant bei der Garfreschabahn, 878 m, Parkplatz.
Anforderungen: Gut bezeichnete Pfade sowie Steige, Wander- und Güterwege.

Mäßige Steigungen mit einigen steilen Aufschwüngen.
Einkehr: Alpengasthof Garfrescha, www.al-penhotel-garfrescha.com, Bergrestaurant Nova Stoba, Tel. +43 (0)5557 6300510.

Wir gehen in **St. Gallenkirch** ❶ von der Bushaltestelle in Gant hinun-ter zur Garfreschabahn an der Ill und fahren mit dem Doppelsessel zur Bergstation, 1485 m, im **Maisäß Garfrescha** ❷. Der Gantekopfweg leitet von der Schulter als Sträßchen Richtung Versettlabahn zum Alpen-gasthof Garfrescha. Dort abbiegend geht's, später auf einem Steig, über Bergwiesen und durch Wald spürbar bergan zum Aussichtspunkt **Weiß-platte** ❸, 1769 m.

Der nun schmale, alpenrosenge-schmückte Bergrücken verflacht sich bald und schenkt uns von den einstmaligen Mähwiesen die präch-tigsten Tiefblicke auf die Talschaft. Darüber stehen die Verwallgipfel Parade mit der Öffnung des Val-schavieltals bei Gaschurn. Aus dem hintersten Novatal, der Verlänge-rung des Vermieltals, ragen Madri-sella und Heimspitze auf.

Nach einem kleinen Anstieg ist be-reits der **Gantekopf** ❹ erreicht. Nun versteckt sich auch der Talschluss bei Partenen mit der eleganten

Am Ortseingang von St. Gallenkirch. Über dem Ort erhebt sich die Gweilspitze.

Vallüla nicht länger. Wir wandern über eine unbedeutende, schrofige Zwischenerhebung, auf der die letzten Wetterfichten ausharren, und steigen vom Gaschurner Sattel, 1939 m, kurz bergauf zur Einkehr im **Bergrestaurant Nova Stoba** ⑤, 2010 m, bei der Bergstation der Versettlabahn. Nachdem wir das Gipfelpanorama ausgiebig genossen haben, folgen wir einem Güterweg hinunter zu einer Skiliftstation bei der Alpe Nova. Der Vermielbach begleitet uns auf einem Wanderweg, zwischendurch auf einem Ziehweg, über Weideböden durchs Vermieltal hinaus zum **Maisäß Garfrescha** ②, wo wir uns dann von der Bergbahn zurück nach **St. Gallenkirch** ① transportieren lassen.

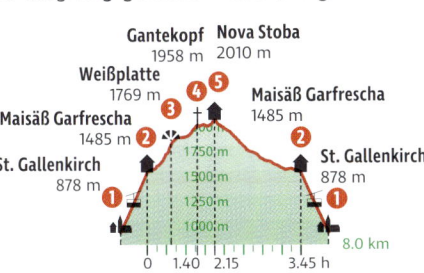

27 Riedkopf, 2552 m

Liebenswerter Geselle überm Gargellental

Für die Besteigung des unscheinbaren Riedkopfs an der Ostgrenze des Rätikons bieten sich mehrere Möglichkeiten an. Wir wählen eine Kombination aus dem kürzesten Aufstieg und dem abwechslungsreichsten Abstieg.

Ausgangspunkt: Gargellen (Gemeinde St. Gallenkirch), Höhenkurort im Gargellental und höchstgelegene Siedlung des Montafons; Bushaltestelle an der Schafbergbahn, 1420 m, Parkplatz.
Anforderungen: Gut bezeichnete Pfade und Steige, anfangs Ziehweg. Meist nur mäßige Anstiege. Trittsicherheit erforderlich. Vorsicht bei Nässe!
Einkehr: Schafberghüsli, Tel. +43 (0)5557 6310400, Ronggalpe, Tel. +43 (0)664 4539277.

Die Kabine der Schafbergbahn befördert uns von **Gargellen** ❶ zur Bergstation, 2130 m, beim **Schafberghüsli** ❷. Über eine Ziehwegschleife Richtung St.-Antönier-Joch haltend, steigen wir gemütlich im Bereich einer Skitrasse zur begrünten Ostschulter der Gargellner Köpfe an. Nach etwas Höhenverlust quert man ab einer Abzweigung auf einem Steig einen Blockhang. Im oberen Teil des Kars leiten steilere Rasenhänge an einem kleinen See vorbei empor zum **St.-Antönier-Joch** ❸, 2379 m (auch Gargellner Joch), an der Schweizer Grenze, einem früher wichtigen Pass.
Wir genießen den sanft steigenden Weg, der entlang der Grenze verläuft, passieren zwei Zwischenerhebungen und kommen zu einem Sattel. Über einen bequemen Grasrücken und zuletzt über Geschröf erreichen wir den **Riedkopf** ❹ mit eindrucksvoller Schau zu den leuchtenden Kalkfluhen der

Der Riedkopf über dem Gargellner Alptobel.

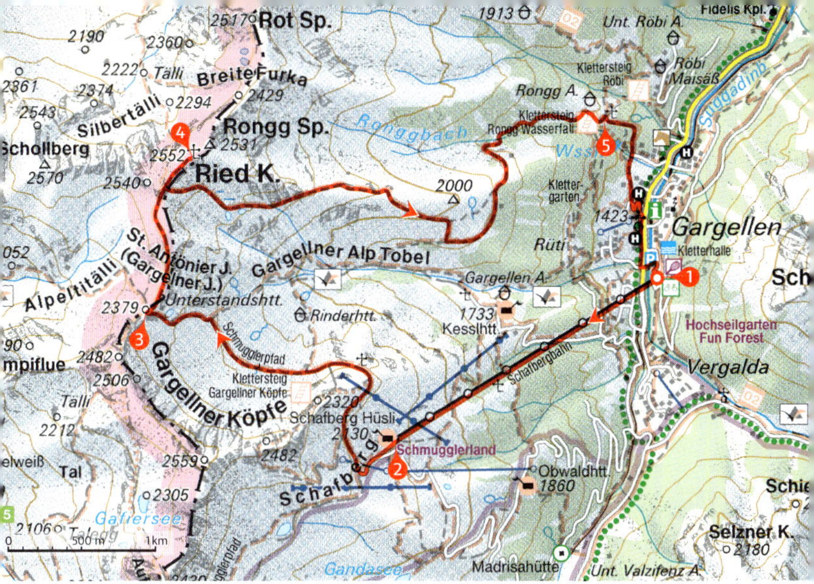

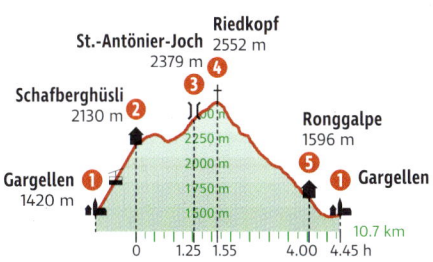

Rätikon-Südseite, ins Gargellental und zu den zahlreichen Silvrettagipfeln sowie zur Graubündner Walsersiedlung Partnun-Stafel mit der Scheienfluh. Sogar die Eiszacken der Bernina beleben den Horizont.

Zurück an der ersten Tafel wählen wir den Abstieg über den Täscher. Nach einem steilen Grasrücken überschreiten wir eine Bachrinne und queren unter einer Schrofenzone ein kleines Schuttfeld. Auf dem mit Zwergsträuchern bewachsenen Rücken des Täschers bringt uns ein Pfad geruhsam talwärts. Oberhalb der Waldgrenze passiert man Lawinenverbauungen und wechselt das Ufer des Ronggbachs. Über Weidehänge spaziert man zur **Ronggalpe** ❺, 1596 m. Der Flurwaldweg führt durch einen Waldstreifen, nochmals den Ronggbach querend, zurück nach **Gargellen** ❶.

Juwel am Fuß der majestätischen Madrisa

Wogende Alpenrosenmeere, darin duftende, golden leuchtende Arnika, unter dem dreigipfligen Giganten aus Gneis, der Madrisa, zu einem romantischen Seeauge und während des Talstiegs prachtvolle Zirben, wie Relikte aus der Urzeit – die Tour zum Gandasee hat einiges zu bieten.

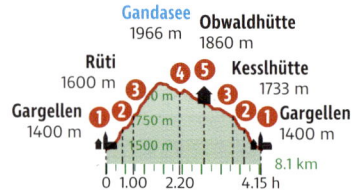

Ausgangspunkt: Gargellen (Gemeinde St. Gallenkirch), Bushaltestelle am Postamt, 1400 m, Parkplatz kurz danach.
Anforderungen: Meist gut bezeichnete Steige und kurze Güterwege. Längerer Steilaufstieg.
Einkehr: Kesslhütte, Tel. +43 (0)664 3084302, Obwaldhütte, www.obwaldhuette.net.

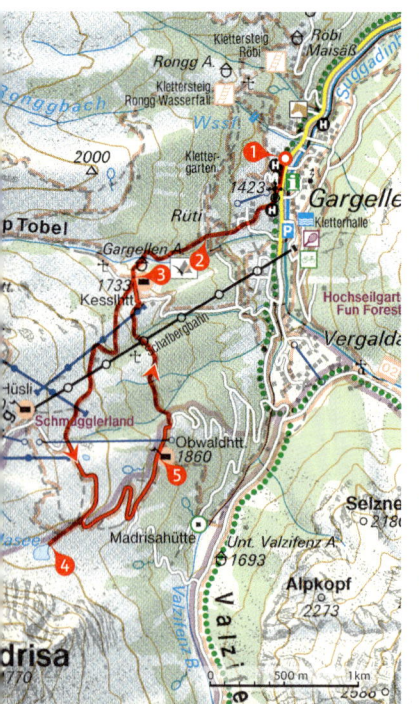

Wir gehen vom Postamt in **Gargellen** ❶ hinauf zum Kirchlein. Ein Fußweg leitet uns Richtung Schafberg-Gandasee über die Wiesen zu den obersten Häusern.

Auf der anderen Seite des malerischen Hochtals erheben sich das imponierende Felsenhorn des Schmalzbergs und das Massiv der Ritzenspitzen. An einer Gabelung folgen wir dem steilen, pinkfarben markierten geologischen Naturlehrpfad, einem Waldsteig, zum Einzelanwesen von **Rüti** ❷, 1600 m.

Beim Weidedurchgang beachten wir das Schild »Alpe-Gargellen« und mühen uns durch einen Fichtenwaldstreifen empor. An einer Verzweigung queren wir den Gargellenbach. Nach einem kräftigen Aufschwung ist am Beginn weiter Alpweiden die Gargellenalpe mit der **Kesslhütte** ❸, 1733 m, erreicht. Ein steiler, teils verbuschter Alpenrosenhang führt uns unter der Schafbergbahn hindurch.

Plötzlich baut sich der formschöne Felskoloss der Madrisa vor uns auf. An der Talstation der Kristallbahn stoßen wir auf einen Fahrweg, dem wir über das Schafbergplateau, 2080 m, folgen. Zuletzt zweigt ein kurzer Steig ab und leitet in eine blockübersäte Mulde mit dem klaren **Gandasee** ❹. Zurück an der Abzweigung, geht es in Fahrwegkehren talwärts, vorbei an stattlichen Zirben, zur **Obwaldhütte** ❺, 1860 m. Ein wenig später abzweigender, gemütlicher Steig durch lichten Fichtenwald quert einen Bachtobel. An der **Kesselhütte** ❸ mündet unsere Route in den bekannten Weg nach **Gargellen** ❶.

Wolkenabzug über der Madrisa.

29 Madrisajoch, 2612 m

Uriger Flecken Erde zwischen aufragenden Felsenhörnern

Das weltabgeschiedene Madrisajoch auf dem Grenzkamm zur Schweiz, im kaum besuchten Gebirgswinkel zwischen den beiden Madrisagipfeln, ist ein treffendes Beispiel dafür, dass Glück und Zufriedenheit des Bergwanderers nicht nur auf namhaften Gipfeln wohnen.

Ausgangspunkt: Gargellen, Bushaltestelle an der Schafbergbahn, 1420 m, Parkplatz.
Anforderungen: Ausreichend bezeichnete Pfade, Steige und Steigspuren, anfangs Ziehweg. Mäßige Anstiege mit kurzen Steilstücken. Orientierungssinn erforderlich. Nur für Geübte, nicht bei Nebel!
Einkehr: Schafberghüsli, Tel. +43 (0)5557 6310400.

Die Kabine der Schafbergbahn befördert uns von **Gargellen** ❶ zur Bergstation, 2130 m, beim **Schafberghüsli** ❷. Dort weist uns eine Tafel zum Gafierjoch. Ein sanft ansteigender Ziehweg quert bei einer kleinen Hütte unter einer Bergbahn hindurch einen Bergrücken. Später führt ein Steig oberhalb des **Schafbergsees** ❸ und unter den verwitterten Gargellner Köpfen meist flach über Weideböden zum Rand einer Hochmulde. Bewunderung verdienen die gewaltigen Abstürze der Madrisa, dieses stolzen Rätikon-Ostpfeilers. Auch die anschließenden Gratzacken des Frygebirgs, wilde Schuttströme entsendend, wissen auf sich aufmerksam zu machen. Rechts eines Trümmerkars deutlich steigend gewinnen wir das **Gafierjoch** ❹, 2415 m, an der Grenze nach Graubünden. Im Südwesten zieht die Felswüste der Gafierplatten zum Rätschenhorn empor. Über dem Gafiertal und St. Antönien erkennt man die Kalkfestungen Drusenfluh und Sulzfluh.

Kurz folgen wir der zum Rätschenjoch führenden Route, bleiben aber auf einem Steig noch dem Grenzrücken treu. Wenig später zeigen uns ab der Geröllschulter, 2521 m, mit dem Grenzstein 2 unter

Das urige Frygebirg vom Aufstieg zum Gafierjoch.

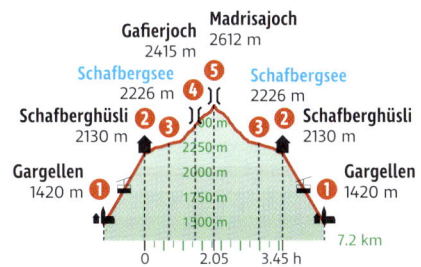

dem Juonenfürkli Steinmännchen den weiteren Kurs auf dem Juonengang Richtung Madrisahorn, auch Klosterser Madrisa genannt. Wo auch dieser Weg in das westliche Hochkar abfällt, leiten Steigspuren über einen unangenehmen Blockhang um den Oswaldkopf herum und zum Schluss kurz empor zum **Madrisajoch 5**. Jenseits dieses gottverlassenen Ödwinkels schaut man hinunter ins Gandatal, über dem die hohen Silvrettagipfel den Blick bannen. Der Abstieg erfolgt auf dem Anstiegsweg.

30 Schlappiner Spitze, 2429 m

6.15 h

Über alte Schmugglerwege auf einen Individualistengipfel

Das Schlappiner Joch überm hinteren Valzifenztal trennt den Rätikon von der Silvretta. Funde aus der Bronzezeit beweisen die frühe Existenz dieses Übergangs zwischen Schruns und Klosters, der auch lange als Schmugglerroute diente.

Ausgangspunkt: Gargellen, Bushaltestelle an der Schafbergbahn, 1420 m, Parkplatz.

Anforderungen: Gut bezeichnete Güterwege und Steige, Finale auf kaum markierten Steigspuren. Längere Steilaufstiege. Nur für geübte Bergwanderer, Trittsicherheit erforderlich. Vorsicht bei Nässe, nicht bei Nebel! Grenzübertritt.

Einkehr: Untere Valzifenzalpe.

Von der Bushaltestelle an der Schafbergbahn in **Gargellen** ❶ folgen wir kurz der Straße bergan zu einer Bachbrücke. Ab dort begleitet der später asphaltierte Güterweg in Richtung Schlappiner Joch durch lockeren Wald den Valzifenzbach zum Ortsteil **Vergalda** ❷, 1560 m. Mit Einblick ins Vergaldatal wechseln wir das Bachufer und wandern unter den Felszacken der Ritzenspitzen taleinwärts einer kleinen Einkehr entgegen. Es ist die **Untere Valzifenzalpe** ❸, 1693 m.

Das Schild »Obere Valzifenzalpe« beachtend halten wir über bescheidene, bald flache Alpweiden auf die stattliche Schlappiner Spitze zu. Ab der Madrisa-Pyramide löst an den steilen Hängen Gebüsch die letzten Fichten ab. Kurz vor der oberen Alpe trägt uns am Knick ins Wintertal ein Steg unter den Gandataler Köpfen über den Valzifenzbach. Ein Steig

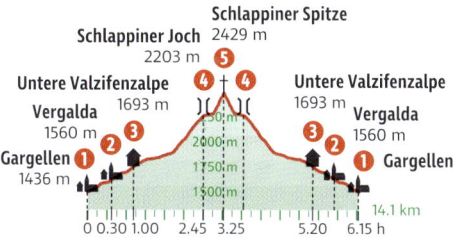

Schlappiner Spitze
2429 m

Schlappiner Joch
2203 m ❺

Untere Valzifenzalpe ❹ ┼ ❹ Untere Valzifenzalpe
1693 m 1693 m

Vergalda ❸ Vergalda
1560 m 1560 m

Gargellen ❶❷ 2000 m ❸ ❷ ❶ Gargellen
1436 m 1750 m

1500 m

14.1 km

0 0.30 1.00   2.45 3.25   5.20 6.15 h

führt nun, anfangs gemütlich durch Erlengebüsch, später von Alpenrosen gesäumt, spürbar empor zum **Schlappiner Joch** ❹, 2203 m, an der Grenze zu Graubünden.

Mit Ausschau übers Prättigau queren wir nun erst flach unter dem Gipfelziel auf unbezeichnetem Steig den Furggaboden. Wo das Sommerdörfchen Schlappin auftaucht, leiten Steigspuren über Rasenstufen und Blockhalden, teils mit Steinmännchen markiert, deutlich bergauf. Wir steuern nicht die Scharte zwischen dem Doppelgipfel, sondern über einen Schrofenrücken die Grathöhe rechts des Südgipfels an. Von dieser sind es nur noch wenige Meter zur aussichtsreichen **Schlappiner Spitze** ❺.

Der Abstieg erfolgt auf dem Anstiegsweg.

An der Unteren Valzifenzalpe, auf dem Weg zum Schlappiner Joch.

31 **Heimspitze, 2685 m**

Stattlicher Hausberg mit Traum-Aussicht

*Die von Westen betrachtet im Schatten der stolzen Valisera stehende Heim-
spitze ist der höchste Wanderberg in der Gipfelrunde um Gargellen und eine
gefragte Aussichtswarte: Das reich gezackte Rätikon, die stolzen Verwall-
berge und die blinkenden Silvrettagestalten werben um die Gunst des Be-
trachters.*

Ausgangspunkt: Gargellen (Gemeinde
St. Gallenkirch), Bushaltestelle an der
Schafbergbahn, 1420 m, Parkplatz.
Anforderungen: Gut bezeichnete Güter-

wege und Steige. Längerer Steilaufstieg.
Zuverlässiges Wetter erforderlich.
Einkehr: Nur in der Vergaldaalpe,
Tel. +43 (0)664 5332554.

An der Schafbergbahn in **Gargellen** ❶ weist die Beschilderung »Heimspitze« für die Besteigung des beliebten Hausbergs auf einen Ziehweg. Durch
das Vergaldner Wäldle geht's am Suggadinbach bergauf mit Blicken zu den
über der einstmaligen Maisäßsiedlung aufragenden, eleganten Bergspitzen. Oberhalb des Ortsteils Vergalda nimmt uns nach der Querung des
Vergaldabachs ein bequemer Güterweg auf, der uns ins besonders stille
Vergaldatal entführt. Nach einer kleinen Hütte verengt sich das Hochtal
mit seinen schmalen Weidestreifen und steilen, zunehmend schütterer bestockten Bergflanken. Gleich hinter der Wasserfassung der Illwerke ist die
Vergaldaalpe ❷, 1820 m, unter der mächtigen Valisera erreicht. Ein kleines

![Blick von der Rotbühelalpe auf Valisera und Zwischenspitz, dem Heimspitz-Vorgipfel.]

Blick von der Rotbühelalpe auf Valisera und Zwischenspitz, dem Heimspitz-Vorgipfel.

Stück folgen wir noch einem Ziehweg, dann zweigen die Steigkehren über steile, von Weideflecken durchsetzte Zwergstrauchhänge zur Heimspitze ab. Überm Talschluss besticht die Felsenkrone der Rotbühelspitze. Nach der Graswanne des Schafbergs mit winziger Hütte und bemerkenswerter Flora geht es an der Routenteilung bei einem auffallenden Felsblock, den verwitterte Granatkristalle schmücken, eine Blockhalde querend, unter dem Heimbühel vorbei. Mit einem abermaligen Engagement gewinnen wir die Kammhöhe. Man passiert auf flachem Zwischenstück ein Seelein, lässt den Zwischenspitz links liegen und erreicht aus einer kleinen Karmulde über wenige Schrofen, bis zuletzt markiert, den höchsten Punkt der **Heimspitze ❸**. Der Abstieg erfolgt auf dem Anstiegsweg.

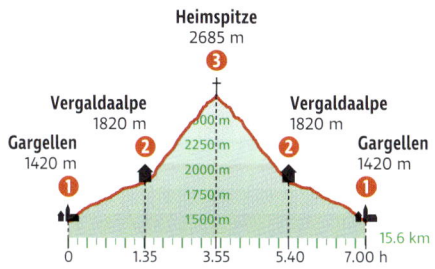

Heimspitze
2685 m
❸

Vergaldaalpe   Vergaldaalpe
1820 m   1820 m
Gargellen   ❷   ❷   Gargellen
1420 m   1420 m
❶   ❶

2500 m
2250 m
2000 m
1750 m
1500 m

15.6 km

0   1.35   3.55   5.40   7.00 h

32 Vorderberg, 2553 m

Märchenhaftes Hochgebirgstal und einsame Schrofenkappe

Als Zugang für den bescheiden wirkenden Vorderberg – dennoch ein echter Zweieinhalbtausender – wählen wir eines der Vorarlberger Prachttäler. Das Vergaldatal verspricht einen unvergesslichen Hochgebirgs-Spaziergang.

Der Kamm der Rotbühelspitze vom Vergaldner Joch.

Ausgangspunkt: Gargellen, Bushaltestelle an der Schafbergbahn, 1420 m, Parkplatz.
Anforderungen: Bestens bezeichnete Güterwege und Steige. Mäßig steile Aufstiege.
Einkehr: Vergaldaalpe, Tel. +43 (0)664 5332554.

In **Gargellen** ❶, an der Schafbergbahn, weist das Schild »Vergaldner Joch« auf einen Ziehweg. Durch das Vergaldner Wäldle geht's am Suggadinbach bergauf mit Blicken zu den über der einstmaligen Maisäßsiedlung aufragenden, eleganten Bergspitzen. Oberhalb des Ortsteils Vergalda nimmt uns nach der Querung des Vergaldabachs ein bequemer Güterweg auf, der uns ins stille Vergaldatal entführt. Nach einer kleinen Hütte verengt sich das Hochtal mit seinen schmalen Weidestreifen und steilen, zunehmend schütterer bestockten Bergflanken. Gleich hinter der Wasserfassung der Illwerke ist die **Vergaldaalpe** ❷, 1820 m, erreicht.

Ein Ziehweg leitet in den Talschluss. Auf einem Steig kommen wir an der **Rotbühelalpe** ❸, 2103 m, vorbei, einem unter einen Felsen geduckten Steinhüttchen. Über dürftigere Hochweiden wandernd, halten wir uns an der Verzweigung bei einer Zollhütte Richtung Vergaldner Joch. Das winzige Gebäude wird vom prächtigen Zackengrat der Rotbühelspitze überragt. Die Route holt nun kraftsparend nördlich aus und bringt uns über steile Rasenhänge zum Absatz am Rand eines Kars und ins **Vergaldner Joch** ❹, 2515 m, mit Markierungsstange.

Überm Garneratal schießen die Silvretta-Dreitausender in die Höhe. An Kühnheit unübertreffbar ist das Gipfelpaar hinterm Plattengletscher: Großlitzner und Großes Seehorn. Auf dem Erich-Endriss-Höhenweg Richtung Matschuner Joch genießt man über eine kaum nennenswerte Zwischener-

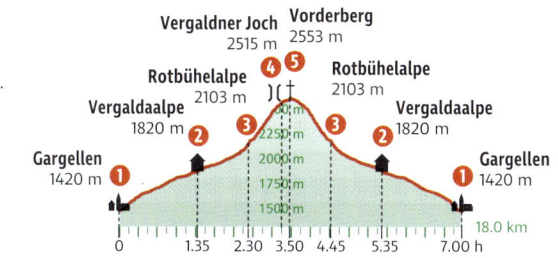

hebung die bestechende alpine Szenerie ringsum. Ohne jegliche Probleme lässt sich der **Vorderberg** ❺ im Zickzack auf seine Schrofenkappe steigen. Der Abstieg erfolgt auf dem Aufstiegsweg.

↗ 1970 m | ↘ 1360 m | 22.4 km

Faszination Silvretta-Weitwanderweg

3 Tage

🚌 🍴

Drei Trekkingtage auf dem Dach des Montafons

Der eindrucksvolle Silvretta-Weitwanderweg, ein Abschnitt des Zentralalpenwegs 02, verläuft in drei Tagesetappen zwischen Eis und Fels. Das oberste Stockwerk des Hochmontafons verkörpert eine der bezauberndsten Regionen der Ostalpen. Unser Ziel ist der Silvretta-Stausee.

Ausgangspunkt: Gargellen, Bushaltestelle an der Schafbergbahn, 1420 m, Parkplatz.

Anforderungen: Meist gut bezeichnete Steige und Güterwege. Längerer steiler Aufstieg. Ausgesetzte, zum Teil

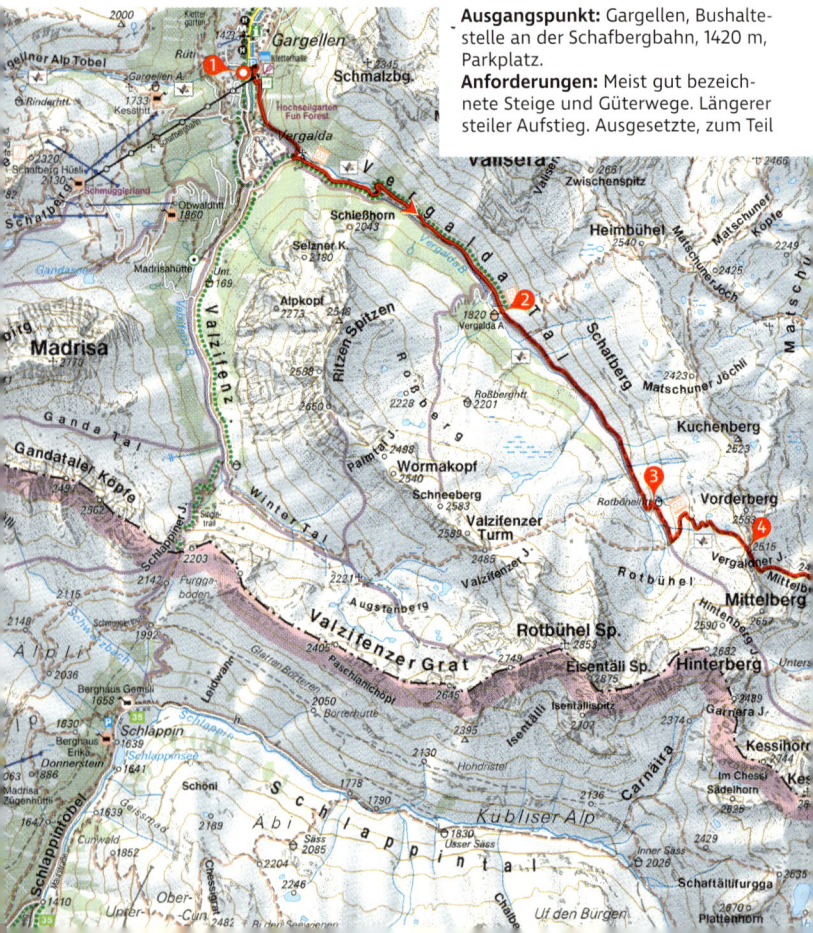

gesicherte Passagen und unbedeuten-de Gletscherreste verlangen Trittsicher-heit und alpine Erfahrung. Zuverlässiges Wetter wichtig. Steinschlaggefahr, Tour nicht bei Nebel unternehmen! Leicht-steigeisen mitführen.
Einkehr/Unterkunft: Vergaldaalpe,

Tel. +43 (0)664 5332554, Tübinger Hüt-te, Tel. +43 (0)664 88008565, www.tue-binger-huette.de; Saarbrücker Hütte, Tel. +43 (0)664 8925587, www.saarbrue-ckerhuette.at, Madlenerhaus, www.mad-lenerhaus-silvretta.com, Silvrettasee-Restaurant, Tel. +43 (0)5558 4248.

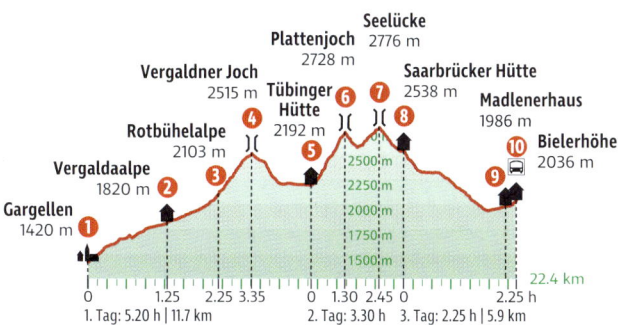

An der Schafbergbahn in **Gargellen** ❶ weist das Schild »Vergaldner Joch« auf einen Ziehweg. Bei Vergalda nimmt uns nach Queren des Vergalda-bachs ein Güterweg auf, der ins stille Vergaldatal mit seinen schmalen Wei-den und steilen Bergflanken führt. Ein Ziehweg leitet uns der **Vergalda-alpe** ❷, 1820 m, in den Talschluss und ein Steig an der **Rotbühelalpe** ❸, 2103 m, vorbei. Die kraftsparende Route bringt uns unter dem Zackengrat der Rotbühelspitze über steile Rasenhänge zum Absatz am Rand eines Kars und ins **Vergaldner Joch** ❹, 2515 m, mit Markierungsstange. Über dem Garneratal schießen plötzlich die Silvretta-Dreitausender in die Höhe. Der etwas ausgesetzte Abstieg über einen Schrofenhang Richtung Tübinger

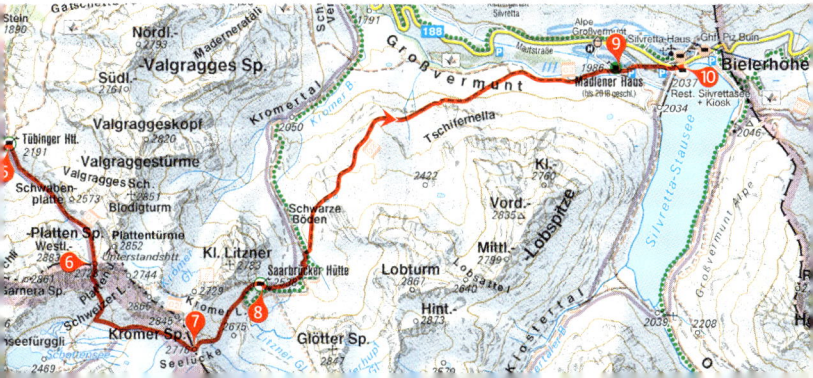

Hütte ist drahtseilgesichert. Nach Querung eines Blockkars steigt man vom **Mittelbergjoch**, 2415 m, steil ab durch eine teils geröllbedeckte Wanne. Unter dem Mittelberg folgt ein gemütliches Höhenbummeln über eine begrünte Schulter zu einer ehemaligen Zollhütte. Oberhalb des Talschlusses sind am Fuß der Kessispitze noch ein paar Trümmerhalden zur **Tübinger Hütte** ❺, 2191 m, zu überwinden.

Der **zweite Tag** beginnt auf dem Steig Richtung Plattenjoch. Von einem blockübersäten Karboden ins obere Kar zwischen Östlicher und Westlicher Plattenspitze ist unter den bizarren Plattentürmen in engen Kehren ein mühsamer Moränenhang zu überwinden. Anschließend bringt man den harmlosen

Oben: Erste Etappe im Vergaldatal.
Unten: Der Grenzkamm mit der Westlichen Kromerspitze und der Westlichen Plattenspitze (rechts).

Rest des vormaligen Plattengletschers hinter sich. Über eine Schuttzone geht's empor zur Grenze im **Plattenjoch** ❻, 2728 m, mit Steinmann und naher Schutzhütte.

Erhaben setzen sich das schwarze Horn des Großlitzners sowie das pyramidenförmige Große und doppelgipflige Kleine Seehorn über dem Seegletscher in Szene. Bis an den scheinbar unendlichen Horizont breitet sich die Schweizer Bergwelt aus.

Die mit »Seetalhütte« beschilderte Wegführung leitet nun auf Graubündener Seite, anfangs in deutlichem Gefälle mit Sicherungsketten, über teilweise blockige Geröllhänge hinunter zur Verzweigung, 2560 m, wenig oberhalb des Schottenseebeckens. Sie löst die alte, wegen des Gletschersterbens schwierigere und stark steinschlaggefährdete Hüttenverbindung über Schweizer- und Kromergletscher ab.

Dann erfolgt der allmähliche Gegenanstieg am Fuß der beiden Kromerspitzen, in der Nähe des ziemlich zurückgegangenen Seegletschers, und an einem kleinen Schmelzwassersee vorbei zur **Seelücke** ❼, 2776 m, vor dem schneidigen Großen Seehorn. Dort sind gelegentlich Steinböcke anzutreffen. Wieder auf Vorarlberger Boden, steigen wir vor der offenen früheren Zollhütte den etwas unangenehmen und im Mittelbereich steilen Schutthang des einstmals ausgedehnteren Litznergletschers hinunter zur **Saarbrücker Hütte** ❽, 2538 m.

Am **dritten Tag** wandern wir auf dem Tschifernellaweg, einem Steig, bald an einem Gletscherbach bergab über die blockige Moräne des Litznergletschers und kurz auf einem Güterweg in die Mulde der Schwarzen Böden. Dort setzt sich der Steig nach einem Bachsteg unter Gletscherschliffen fort zu einem Hügel bei zwei Seeaugen. Über die begeisternden Hochweiden von Tschifernella mit Blick zum Vermunt-Stausee bummeln wir sanft talwärts. Ab einer Schulter geht's einen Steilhang bergab, nach einer Geröllfeldquerung im Großvermunt, 1934 m, über den Illsteg und mit geringem Anstieg zum **Madlenerhaus** ❾ im Silvrettadorf. Ein Fußweg bringt uns in Kürze zum Silvretta-Stausee auf der **Bielerhöhe** ❿, 2036 m, Bushaltestelle.

Der Blodigturm nördlich des Plattenjochs.

34 Netza-Maisäß, 1660 m

Nostalgie-Wanderung zu bewahrten Sommersiedlungen

Das idyllische Netza-Maisäß führt einen einsamen, gänzlich unverfälschten Flecken Bergbauernkultur vor Augen. Die Hütten haben keinen Alpweganschluss und werden noch mit der Seilbahn und manchmal auch mit dem teuren Hubschrauber versorgt.

Ausgangspunkt: Gortipohl (Gemeinde St. Gallenkirch), Feriendorf im Hochmontafon; Bushaltestelle beim Kirchlein, 906 m, Parkplatz taleinwärts nach der Telefonzelle.

Anforderungen: Ausreichend bezeichnete Pfade und Güterwege. Mäßig steile bis mittelsteile Steigungen.

Beim Kirchlein in **Gortipohl** ❶ führt ein Sträßchen zum Friedhof und über den Balbierbach nach Innergant. An der Kreuzung nach einem schönen, alten Montafoner Haus halten wir uns bergwärts und beachten den Wanderwegweiser »Montiel«. Am Ortsende kürzt beim Ausgang des Hüttnertobels ein Pfad hinter einem Bachsteg durch Mischwald ein paar Güterwegkehren ab, wobei man die Bleisottkapelle passiert. Anschließend folgen wir dem asphaltierten Fahrweg und einem nochmaligen Abkürzer zur winzigen **Bödner Kapelle** ❷, 1140 m. An der Einmündung des Schoderwegs nehmen wir den Pfad zu den sauberen und wettergebräunten Hütten des **Montiel-Maisäß** ❸, 1380 m, mit einer weiteren Mini-Kapelle, Blick zur Zamangspitze im Nordwesten und Ausblicken zu den Bergen um den Hochmaderer und nach Gaschurn. Was für ein Montafon-Idyll!

Das Täfelchen »Oberer Netza« weist über eine Weidelichtung. Man quert an der Erweiterung des vegetationsreichen Hüttnertobels zwei Bachrinnen und erreicht, ohne groß außer Atem zu geraten, das kleine uralte Hüttendorf **Netza-Maisäß** ❹ mit bescheidenen Bergwiesen, auch Oberer Netza genannt.

Der Richtung Gortipohl im Zickzack bergab leitende Pfad taucht bald im Wald unter. Beim **Unteren Netza-Maisäß** ❺, 1280 m, einer ehemaligen Walsersiedlung, biegen wir talwärts in einen Gü-

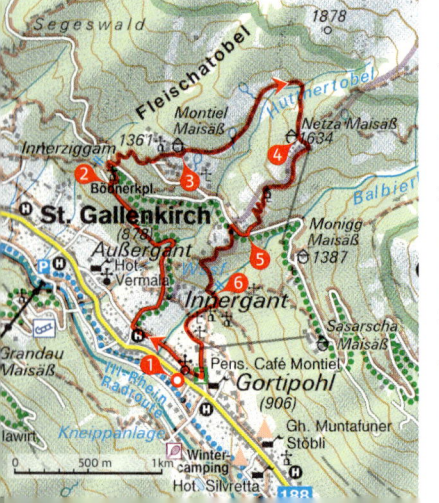

Das idyllische Montiel-Maisäß.

terweg ein, den wir nach einer Kurve auf dem mit »Gortipohl« beschilder-ten Ziehweg verlassen. Man passiert weitere Hütten und achtet, wieder auf einem Pfad, an einer Routenteilung auf die Wegweisung »Wasserfall«. Nach steilem Abstieg beschert der Schwenker zum Steg unter dem **Balbierbach-Wasserfall** ❻, der hier von einem Überhang stürzt, einen erfrischenden Tourenausklang. Der Wildbach begleitet uns am jenseitigen Ufer zurück nach **Gortipohl** ❶.

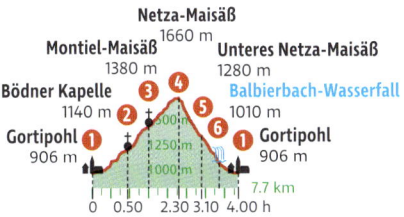

35 Versettla, 2372 m

Promenadegipfel für die Mittagspause?

Die über dem Eingang ins Garneratal aufragende Versettla ist einer der leichtesten »schnellen« Gipfel des Montafons. Von gut Konditionierten ließe sich die grüne Dame fast während der Mittagspause »in den Sack stecken«. Angesichts der unermesslichen Rundschau wäre dies allerdings eine bemitleidenswerte Banausentat.

Ausgangspunkt: Gaschurn, Luftkurort im Hochmontafon; Bushaltestelle an der Versettlabahn, 980 m, Parkplatz. **Anforderungen:** Gut bezeichneter Steig. Insgesamt nur mäßig steiler Anstieg. **Einkehr:** Bergrestaurant Nova Stoba, Tel. +43 (0)5557 6300510.

Die Gondel der Versettlabahn schaukelt uns von **Gaschurn** ❶ in zwei Sektionen zur Bergstation mit dem **Bergrestaurant Nova Stoba** ❷, 2010 m. Dort beginnt der auf den Gipfelrundling der Burg zuhaltende Versettlaweg, ein breit ausgetretener Steig. Während des Anstiegs unter einem Schlepplift hindurch und kleine Geröllhalden querend bleibt genügend Muße, das Auge über das Sehnsucht weckende Verwallgebirge schweifen zu lassen.

Im grünen Kleid präsentiert sich die Versettla über dem Ganeu-Maisäß.

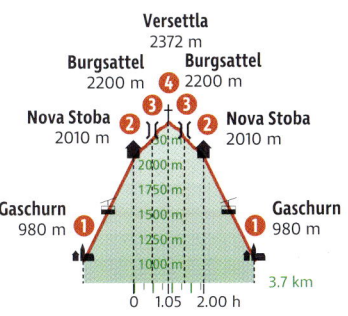

Nach östlicher Umgehung der unwegsamen Burg gelangen wir durch ein Gebiet, wo sich mit etwas Glück die possierlichen Murmeltiere beobachten lassen, oberhalb einer seegeschmückten Hochmulde in den **Burgsattel** ❸, 2200 m.

Über den Talschluss des Novatals sockelt die massige Heimspitze. Auf einem behäbigen, im unteren Teil felsdurchsetzten Bergrücken schlendert man erst in südlicher Richtung, später mit südwestlichem Kurs und Rätikonblick zum nur wenig den weiteren Gratverlauf überragenden, geräumigen Grasgipfel der **Versettla** ❹.

Nun offenbart sich auch das prächtige Garneratal. Neben dem korpulenten Hochmaderer umrahmt das hochalpine Halbrund mit der eindrucksvollen Westlichen Plattenspitze das Hochkar der Tübinger Hütte. Tief unter uns versammeln sich hinter den Ganeuer Maisäßhütten wie ein Spielzeugdörfchen die Häuser von Partenen mit dem Rifabecken. Zwischen der Versalspitze und der Ballunspitze schimmert der Wasserspiegel des Kops-Speichers. Eine gute Figur macht auch die rechts davon aufragende Vallüla, dahinter erheben sich die Samnaunberge. Der Abstieg erfolgt auf dem Aufstiegsweg.

36 Ganeu-Maisäß, 1420 m

Durch die abenteuerliche Garneraschlucht

Für die vorbildliche Anlage der Riesen-Naturtreppe durch den Fenggatobel muss man den Gaschurnern ein dickes Lob aussprechen. Der pfiffig angelegte Schluchtweg richtet sich an Freunde anregender Steilanstiege.

Ausgangspunkt: Gaschurn, Bushaltestelle an der Versettlabahn, 980 m, Parkplatz. **Anforderungen:** Gut bezeichnete Steige und Alpwege. Längerer Steilaufstieg. Etwas ausgesetzte, feuchte Stellen erfordern Trittsicherheit.

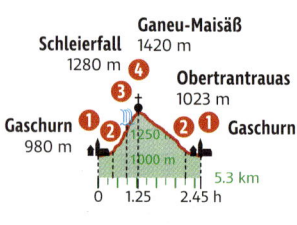

Wir folgen in **Gaschurn** ❶ bei der Versettlabahn dem Sträßchen über die Bachbrücke zum Ortsteil Trantrauas. Letzte bewahrte Gaißbargen säumen den leichten Anstieg am Garnerabach nach **Obertrantrauas** ❷. In diesen Ställen wurden früher die Ziegen von den Garneratal-Weiden am Abend zusammengetrieben. Ab einer Wehranlage setzt Richtung Ganeu ein saftig steigender Alpweg an. In der ersten Kehre schwenken wir auf den Fenggatobelsteig ab. Die spannende Route durch den Mischwald der Garneraschlucht klettert in teils felsdurchsetzten Windungen unter glatten Plattenschüssen an tosenden Kaskaden empor.

Von einer Ruhebank gewinnt man schöne Tiefblicke auf Gaschurn. Der mitunter abschüssige und feuchte Kurs ist zum Teil komfortabel mit Steinplatten ausgelegt. Angesichts der zwischendurch weiten Stufen muss man sich keineswegs schämen, wenn man weiche Knie bekommt. Beim **Schleierfall**  sollte man den ganz kurzen Abstecher zu einem bequemen, kleinen Aussichtsplateau nicht versäumen. Anschließend spürt man prickelnden Sprühregen auf der Haut. Mit eingezogenem Kopf geht's unter einem Felsendach hindurch und auf einem Holzsteg über ungangbare Steilabbrüche. Dann folgt wiederum Stufe auf Stufe.

Oben sind ausgesetzte Passagen durch drahtseilgesicherte Stege entschärft. Kurz vor dem Schluchtausstieg wütet der Gebirgsbach durch eine kleine Klamm mit Strudellöchern. Bei den zahlreichen Hütten des **Ganeu-Maisäß** ❹ mit einem schönen Stafettenzaun genießt man

Abenteuerliche Garneraschlucht.

einen wunderbaren Silvrettablick. Zurück nach **Gaschurn** ❶ wählen wir den in steilen Serpentinen durch Nadelwald talwärts führenden Alpweg. Beachtenswert ist eine Stelle, an der die Weganlage in einen mächtigen Felsbauch gesprengt werden musste.

Faszinierendes Trogtal, von der Eiszeit gestaltet

Der Gletscher der Eiszeit hat dem ergreifenden, bei Gaschurn ins Tal der Ill mündenden Garneratal seine typische Trogform mit der ausgeprägten Hängeschulter verliehen. Unser 1908 erbautes Tagesziel über dem Talschluss eignet sich hervorragend als Stützpunkt für Übergänge zu benachbarten Hütten und unterschiedlich anspruchsvolle Gipfeltouren.

Ausgangspunkt: Gaschurn, Bushaltestelle an der Versettlabahn, 980 m, Parkplatz.
Anforderungen: Vorbildlich bezeichnete Forst- und Alpwege, Pfade und Steige. Längerer mittelsteiler Aufstieg.
Einkehr: Rehsee Stöbli, Tel. +43 (0)5557 6300, Garneraalpe, www.garnera.at, Tübinger Hütte, Tel. +43 (0)664 88008565, www.tuebinger-huette.de.

Von **Gaschurn** ❶ fahren wir mit der Versettlabahn hinauf zur **Mittelstation Rehsee** ❷, 1480 m, und queren ins Garneratal. Auf dem bequemen Forstweg Richtung Tübinger Hütte lässt sich die Versalspitze sehen. An einer Gabelung achten wir auf das Schild »Ganeu«. Nach dem Abstieg von einer Schulter, 1600 m, leitet an der Abzweigung, 1485 m, vor dem Ganeu-Maisäß der zur Alpenvereinshütte (Sektion Tübingen) beschilderte Pfad unter der Versettla sanft über einen Grashang in das unberührte Trogtal des Garnerabachs. Bald nimmt uns der Alpweg von Gaschurn auf. Bei einem Hüttchen stand für kurze Zeit das Filmdorf Eschberg für »Schlafes Bruder«. Zwi-

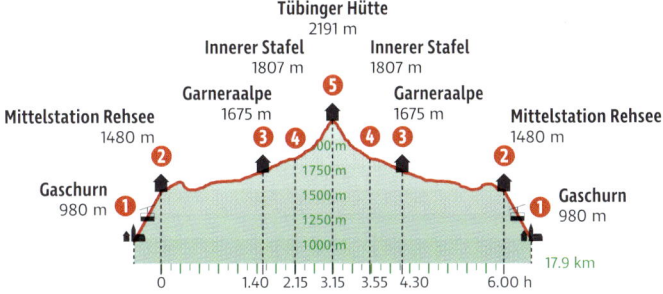

Tübinger Hütte 2191 m

Innerer Stafel 1807 m **Innerer Stafel** 1807 m

Garneraalpe 1675 m ❺ **Garneraalpe** 1675 m

Mittelstation Rehsee 1480 m ❸ ❹ ❹ ❸ **Mittelstation Rehsee** 1480 m

❷ 2000 m ❷

Gaschurn 980 m ❶ 1750 m **Gaschurn** 980 m

1500 m

1250 m

1000 m

17.9 km

0 1.40 2.15 3.15 3.55 4.30 6.00 h

schen schroffen Bergflanken hält man über einen flachen Weidestreifen und am Flachmoor des ehemaligen Garnerasees vorbei auf die Kessispitze zu. Kurz verstummt das Bachrauschen auf ursprünglichen Schwemmkiesflächen. Nach wieder leichtem Anstieg treffen wir bei der **Garneraalpe** ❸, 1675 m, ein (kleiner Abstecher). Links des Hüttenziels baut sich die statt-

liche Westliche Plattenspitze auf. Die Weiden zeigen sich zunehmend dürftiger und mit Felsblöcken übersät. Beim niedergeduckten **Inneren Stafel** ❹, 1807 m, ragt über uns der Noristurm empor. Am individuellen Felsunterschlupf »Hohler Stein« verlassen wir den Alpweg auf dem Sommerweg. Über eine schrofendurchsetzte und mit Zwergsträuchern bewachsene, steile Flanke gelangen wir auf einem kraftsparendem Steig, zuletzt in beinahe schwindelerregender Höhe über dem Talschluss, zu dem auf begrünter Karschwelle stehenden, niedrigen Steinbau der **Tübinger Hütte** ❺. Der Abstieg erfolgt auf dem Aufstiegsweg.

Bizzarres Felsenrevier oberhalb der Tübinger Hütte.

Hochmaderer, 2823 m

Gletscherleuchten in der zentralen Silvretta

In einzigartiger Eleganz öffnet sich vom Hochmaderer das Schatzkästchen der Silvretta: Die Litzner-Seehorn-Gruppe, Dreitausender mit Format. Noch höher gipfeln die kecken Fluchthörner über dem Silvretta-Stausee, der dominierende Piz Buin mit seinen strahlenden Gletscherböden, die Verstanklahörner und der pyramidenartige König Linard. Im Nordosten bannen die Verwall-Regenten den Blick, links schließen sich die Lechtaler Alpen, das Lechquellengebirge und die Bregenzerwaldberge an. Ja sogar die Ötztaler Wildspitze und der Ortler beleben die Bühne. Südlich der Illfurche begeistern die Rätikonspitzen mit der Schesaplana.

Ausgangspunkt: Gaschurn, Bushaltestelle an der Versettlabahn, 980 m, Parkplatz.
Anforderungen: Bis Tübinger Hütte siehe Tour 37. Dann ausreichend bezeichnete, teils ausgesetzte Steige. Langer, steiler Aufstieg. Nur für geübte Bergwanderer. Einfache Kletterpassage (I),

Trittsicherheit und zuverlässiges Wetter erforderlich.
Einkehr/Unterkunft: Rehsee Stöbli, Tel. +43 (0)5557 6300, Garneraalpe, www. garnera.at (beide nur Einkehr), Tübinger Hütte, Tel. +43 (0)664 88008565, www. tuebinger-huette.de.

Aufstieg von **Gaschurn** ❶ wie bei Tour 37 zur **Tübinger Hütte** ❺. Dort weist uns die Tafel »Hochmadererjoch« den etwas anspruchsvollen Kurs. Unter dem zackengekrönten Valgraggeskamm turnen wir auf einem Steig kurzzeitig über grobes Blockwerk. Anschließend geht es felsdurchsetzten Hängen entlang. In dem vom Garnerabach durchströmten U-Tal glitzern die

Östlich des Garneratals bestimmt der wuchtige Hochmaderer die Szene.

Schmelzwasser des arg geschrumpften Plattengletschers. Vom ebenfalls blockigen Kar unter der südlichen Valgraggesspitze wechselt man, gelegentlich ausgesetzt, ins Nachbarkar und quert daraufhin die Bergflanke unter dem auffallenden Noristurm ins Gatschettatäli. Dort mündet die Schafbodenjöchli-Route ein.

Nach einem zunehmend steileren Aufstieg haben wir nahe des Hochmadererjochs Richtung Hochmaderer im Zickzack eine knackige Schrofenflanke zu meistern, die oben leichte Kletterei (I) verlangt. Dann lässt uns eine Scharte, 2690 m, in den Kartrichter nordwestlich des Hochmaderers wechseln. Nochmals geht's ordentlich zur Sache, erst durch eine unangenehme Geröllrinne, oben über einen Rücken. Nach kleiner Erholungsetappe, das Gipfelziel südlich umgehend, und einem ostseitigen Felsaufschwung betreten wir überwältigt den unvergesslichen Aussichtsthron **Hochmaderer** ❻. Der Abstieg erfolgt auf dem Anstiegsweg.

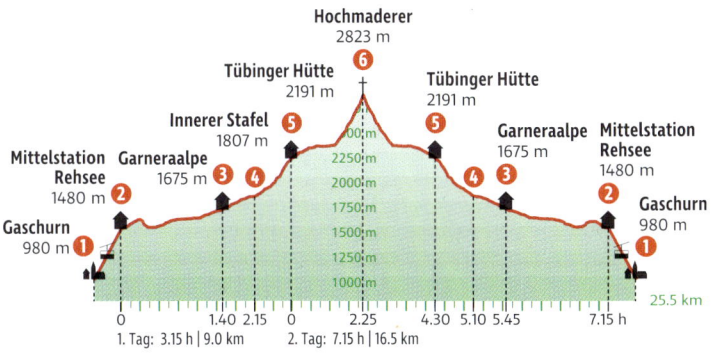

39 Westliche Plattenspitze, 2883 m

Gipfelpanorama von der Parseierspitze bis zum Eiger

Die Westliche Plattenspitze ist, sowohl was ihre Gestalt als auch was das Panorama anbelangt, einer der beglückendsten großen, für Wanderer zugänglichen Gipfel Vorarlbergs. Von welchem Ostalpenberg aus sieht man schon den Beherrscher der Silvretta, den kantigen Piz Linard, und dazu auch noch bis zum Eiger?

Ausgangspunkt: Gaschurn, Bushalte-stelle an der Versettlabahn, 980 m, Parkplatz.
Anforderungen: Bis Tübinger Hütte siehe Tour 37. Dann ausreichend bezeichneter Steig, unbedeutender Gletscherrest. Längere steile Aufstiege. Nur für erfahrene Bergwanderer. Leichte Klet-terstellen (I) in solidem Fels. Trittsicherheit, Schwindelfreiheit und zuverlässiges Wetter erforderlich. Nicht bei Nebel!
Einkehr/Unterkunft: Rehsee Stöbli, Tel. +43 (0)5557 6300, Garneraalpe, www. garnera.at (beide nur Einkehr), Tübinger Hütte, Tel. +43 (0)664 88008565, www. tuebinger-huette.de.

Aufstieg von **Gaschurn** ❶ wie bei Tour 37 zur **Tübinger Hütte** ❺. Unsere Traumgipfeltour beginnt dort auf dem Steig Richtung Plattenjoch. Von einem Blockkar ins obere Kar zwischen Östlicher und Westlicher Plattenspit-

ze ist unter den bizarren Plattentürmen in engen Kehren mühsam ein spärlich mit Gräsern bewachsener Moränenhang zu überwinden. Urweltliche Eindrücke beschleichen einen angesichts der öden Trümmerkare. Anschließend bringt man den harmlosen Rest des vormaligen Plattengletschers hinter sich. Über eine Schuttzone geht's empor zur Staatsgrenze im **Plattenjoch** ❻, 2728 m, mit Steinmann und naher Schutzhütte.

Plötzlich stockt einem unwillkürlich der Atem. Das graziöse, schwarze Horn des Großlitzners sowie das pyramidenförmige Große und doppelgipflige Kleine Seehorn setzen sich erhaben über dem zusammengeschrumpften Seegletscher in Szene. Mittendrin! Bis an den scheinbar unendlichen Horizont breitet sich die

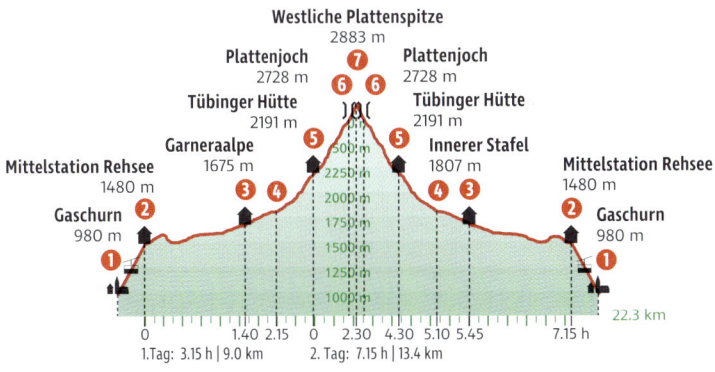

Großlitzner, Großes und Kleines Seehorn mit dem Seegletscher vom Plattenjoch.

Schweizer Bergwelt aus. Auf die Beschilderung »Westl. Plattenspitze« achtend finden wir auf einem schrofigen Gratrücken einen deutlichen Steig. Bald setzt links davon ein teils blockiger, aber gut gangbarer Schrofensteilhang an, der von unten viel wilder aussieht. Der angenehm gestufte Fels ist gelegentlich mit leichter Kletterei (I) gewürzt und leitet zuverlässig auf die erhebende **Westliche Plattenspitze 7**. Nur ein paar Rosinen wollen wir aus dem Gipfelmeer picken: Fluchthörner, Piz Linard, Piz Palü, Piz Kesch, Piz d'Err, Rheinwaldhorn, Finsteraarhorn, Eiger, Tödi, Schesaplana, Drei Türme, Sulzfluh, Zimba, Rote Wand, Patteriol, Parseierspitze. Der Abstieg erfolgt auf dem Aufstiegsweg.

40 Mardusaalpe, 1940 m

Im schweigenden Valschavieltal

Im Valschavieltal mit den heute nicht mehr genutzten größten Wildheumähdern Vorarlbergs, in dem sich nicht mal eine einfache Einkehr findet, erlebt man eine Atmosphäre der Abgeschiedenheit, an die man sich gerne und lange erinnern wird. Das Valschaviel-Maisäß diente Joseph Vilsmaier als Kulisse für den Kinofilm Bergkristall. Der Valschavielbach entfaltet zur Schneeschmelze und nach ausgiebigen Regengüssen unvorstellbare Kräfte und reißt alles mit, was nicht niet- und nagelfest ist. Auch die seitlichen Sturzbäche hier im Natura 2000-Gebiet Verwall haben tiefe Rinnen gegraben.

Ausgangspunkt: Gaschurn, Bushaltestelle an der Valschavielbachbrücke, 959 m, Parkplatz.

Anforderungen: Gut beschilderte Güterwege. Mäßig steile bis mittelsteile Aufstiege. Steinschlag!

Bei der Bushaltestelle an der Valschavielbachbrücke von **Gaschurn** ❶ folgen wir der bergwärts führenden Valschavielstraße, halten uns an einer Gabelung Richtung Valschaviel-Maisäß und queren ein Bächlein. Ab dem Kinderspielplatz am Ortsende wandern wir auf einem Güterweg mit leider kaum nennenswerten Flachstücken am wüsten Bachgraben hinein in das Fichtenwald-Hängetal.

Nach einem Uferwechsel folgt eine Steinschlagzone, dann lichtet sich beim Bakötta-Maisäß der Wald. Wieder auf der gewohnten Talseite, kommen wir mit einem kurzen Abzweiger zum **Valschaviel-Maisäß** ❷, 1565 m, einem Hüttendorf mit uralten, wettergebräunten Blockfassaden. Lawinenschutzbauten deuten auf die Gefährlichkeit der respekteinflößend steilen Bergflanken hin.

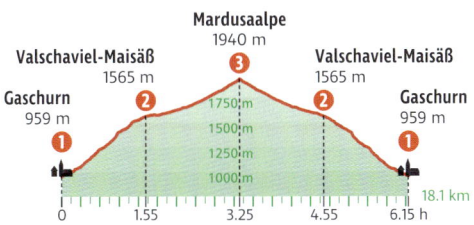

Im stillen Valschavieltal.

Zurück auf dem Güterweg weist uns die Bezeichnung »Mardusa« weiter taleinwärts. Wir passieren einen Fischteich. Jetzt wachsen zum Teil namenlose, später recht wuchtige und mit Ausnahme der Madererspitze weglose Gipfelgestalten empor. Der nun schmale Alpweg leitet stets am mittlerweile zahmeren Bach entlang. Nach abermaligem Uferwechsel lösen Weidehänge mit verschwenderischen Alpenrosen die Waldflanken ab. Auf der anderen Talseite steht die Giamphütte. Im Talschluss treffen wir nahe der Tiroler Grenze nach einer Materialseilbahn, einem Andachtshäuschen und wenigen steilen Wegschleifen bei der **Mardusaalpe** ❸ ein, einer allerwinzigsten Hirtenhütte. Wer mag, kann auf dem Alpweg noch hoch bis zur sichtbaren Roßberghütte wandern. Für den Rückweg benützen wir die bekannte Route.

Mardusaalpe
1940 m
❸

Valschaviel-Maisäß
1565 m

Valschaviel-Maisäß
1565 m

Gaschurn
959 m
❷

Gaschurn
959 m
❷

❶

❶

1750 m
1500 m
1250 m
1000 m

18.1 km

0   1.55   3.25   4.55   6.15 h

41 Wiegensee, 1930 m

Feuchtbiotop-Idyll über dem Ganifer

Die äußerst bezaubernden Feuchtwiesen am idyllischen Wiegensee unter der Südflanke der Versalspitze überraschen den Natur- und Landschaftsenthusiasten mit seltener Flora und glanzvollen Eindrücken vom westlichen Silvretta-Hauptkamm.

Ausgangspunkt: Partenen (Gemeinde Gaschurn), Luftkurort im Hochmontafon, am westl. Beginn der Silvretta-Hochalpenstraße; Bushaltestelle an der Tafamuntbahn, 1040 m, Parkplatz.
Anforderungen: Gut bezeichnete Steige und kurze Abschnitte auf Wanderwegen und Forstweg. Mäßig steiler Aufstieg, längerer steiler Abstieg. Trittsicherheit nötig.
Einkehr: Alpstöbli Tafamunt, Tel. +43 (0)5556 70185373.

Wir nehmen in **Partenen** ❶ den Service der Tafamuntbahn in Anspruch und lassen uns bequem in der Kabine zur Bergstation, 1530 m, mit dem **Alpstöbli Tafamunt** ❷ im gleichnamigen Maisäß schaukeln. Der Richtungszeiger »Wiegensee« weist uns auf einen meist nur mäßig steilen, gelegentlich felsdurchsetzten Waldsteig.

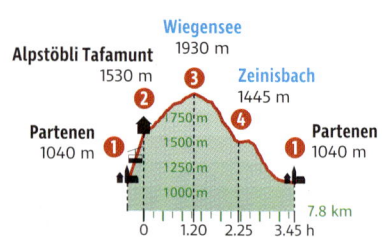

Wo sich das Fichtengrün lockert, wird der Blick frei zur Vallüla und über die Serpentinen der Silvretta-Hochalpenstraße zu den Eiszacken um die Saarbrücker Hütte mit ihren gleißenden Restgletschern. Ab der Gabelung auf der herrlichen Bergschulter »Untere Wiege« spazieren wir, vor uns der Kops-Stausee,

Im Nu von der Tafamuntbahn erreichbar: der naturnah erhaltene Wiegensee.

auf einem Wanderweg zwischen Feuchtwiesen und Latschen. Nach einer Wegbiegung nahe den Steilabbrüchen ins Ganifer steht man plötzlich schwärmend am **Wiegensee** ❸. Die Wiege trennt die Bergschulter von der Versalspitze. Der seltene Purpur-Enzian und verschiedene fleischfressende Pflanzen schmücken die verträumte Senke. Südlich des Stausees erhebt sich die elegante Ballunspitze. Zurück an der Gabelung zweigt man links auf den schmalen und zunehmend steileren Steig Richtung Partenen ab und passiert ein paar verfallene Heuhütten. Diese erinnern an alte Zeiten, als auf den steilen Bergmähdern noch geheut und das wertvolle Wildheu im Winter zu Tal gezogen wurde. Unter den sogenannten Schrofen geht es durch steilen Fichtenwald zum **Zeinisbach** ❹, 1445 m, und, zwischendurch kurz auf einem Forstweg, vollends bergab nach **Partenen** ❶.

42 Kleinlitzner, 2783 m

Via ferrata im Reich der Dreitausender

Von dem gegenüber dem Kleinlitzner stolzierenden Gipfelpaar Großlitzner und Großes Seehorn schwärmte schon der Bergpionier Karl Blodig während der Erstbesteigungen im Herbst 1909. Nach ihm ist der nahe Blodigturm benannt. Auf seinen vom Alpenmaler E. T. Compton begleiteten Begehungen entstanden außergewöhnliche Bilder der großartigen Silvretta.

Ausgangspunkt: Bushaltestelle beim Obervermuntwerk an der Silvretta-Hochalpenstraße, am Ende des Vermunt-Stausees, 1753 m, Parkplatz. Von Partenen aus erreichbar.

Anforderungen: Gut bezeichnete Güterwege und Steige. Längerer sehr steiler Aufstieg. Nur für erfahrene Bergwanderer. Teils ausgesetzter Klettersteig in solidem Fels (B/C). Trittsicherheit und Schwindelfreiheit, Kondition, zuverlässiges Wetter sowie Klettersteig-Ausrüstung nötig.

Einkehr: Saarbrücker Hütte, Tel. +43 (0)664 8925587, www.saarbrueckerhuette.at.

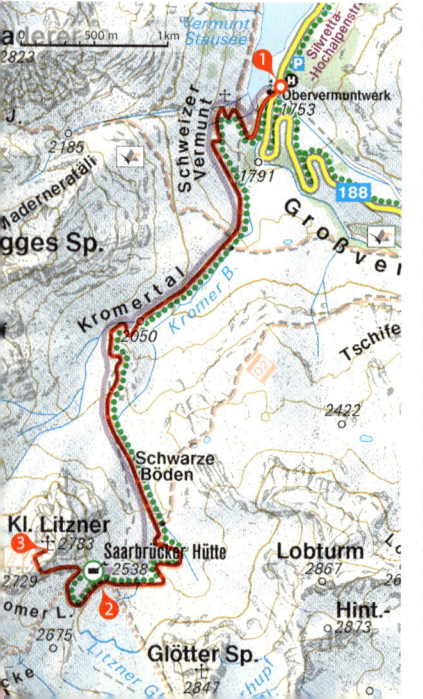

Beim **Obervermuntwerk** ❶ zeigt das Schild »Zur Saarbrücker Hütte« auf einen nach der Illbrücke unter der massigen, schwarzen Wand des Hochmaderers in Kehren ansteigenden Güterweg. Über Grasböden mit Alpenrosen und Heidekraut geht's hinein ins stille Kromertal, begleitet vom anschwellenden Tosen zweier Sturzbäche. Wie ein Schwalbennest klebt die Alpenvereinshütte der Sektion Saarbrücken am dunklen Sporn des Kleinlitzners. Bei einem Steinhüttchen öffnet sich das riesige Schuttkar mit dem deutlich zurückgegangenen Kromergletscher. Nach den Schwarzen Böden leiten ein paar stärker ansteigende Schleifen über eine blockige Moräne empor zur stattlichen und dennoch anheimelnden **Saarbrücker Hütte** ❷, 2538 m.

Die Tafel »Tübinger Hütte« weist auf einen kurz etwas ausgesetzten, drahtseilgesicherten und mäßig

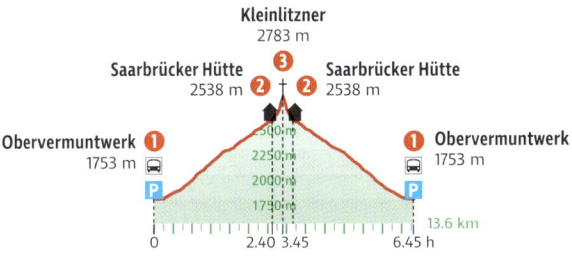

Kleinlitzner
2783 m
❸

Saarbrücker Hütte
2538 m **❷** ✝ **❷** Saarbrücker Hütte
2538 m

Obervermuntwerk **❶**
1753 m 🚌

2500 m
2250 m
2000 m
1750 m

🅿 Obervermuntwerk **❶**
1753 m 🚌

🅿 13.6 km

0   2.40 3.45   6.45 h

steilen Steig. Wir queren zwei kleine Schutthalden, zweigen an einer Gabelung rechts ab und mühen uns in steilen Windungen hinauf zum Einstieg in die Felsen mit einem weiteren Drahtseil. Kurz danach setzt der spannende, durchgehend gesicherte Klettersteig (B/C) der Südostflanke an. Ein Band und ausgesetzte, mit Eisenstiften entschärfte Platten leiten in eine lange Steilrinne, durch die man eine Scharte gewinnt. Über ein kurzes, plattiges Gratstück gelangt man auf den **Kleinlitzner ❸**, dessen Gipfel wenig Platz bietet.

Stolz wächst der Kleinlitzner aus dem herbstlichen Kromertal.

43 Sattelkopf, 2863 m

Kleiner Möchtegern neben Nachbarn von Rang und Namen

Der Aufstieg aus dem Verhau der Fels- und Firnwüste bei der Saarbrücker Hütte zum Sattelkopf überwältigt mit einer pikanten Schau zum schneidigen Großlitzner und zur Pyramide Großes Seehorn.

Ausgangspunkt: Bushaltestelle am Silvrettasee-Restaurant auf der Bielerhöhe, 2036 m, Parkplatz. Von Partenen aus erreichbar.
Anforderungen: Meist gut bezeichnete, teils undeutliche Steige, meist gespurte Firnfelder. Längere steile Anstiege. Alpine Erfahrung, Trittsicherheit, Ausdauer und zuverlässiges Wetter erforderlich. Steinschlaggefahr, nicht bei Nebel!
Einkehr: Saarbrücker Hütte, Tel. +43 (0)664 8925587, www.saarbrueckerhuette.at.

Wir folgen vom Silvrettasee-Restaurant auf der **Bielerhöhe** ❶ kurz dem Fußweg hinunter zum **Madlenerhaus** ❷. Der Tschifernellaweg, ein Steig, leitet uns in Richtung Saarbrücker Hütte über den Illsteg. Nach Querung eines Geröllfeldes im Großvermunt, 1934 m, überwinden wir einen Steilhang zu einer Schulter. Man bummelt über die herrlichen Hochweiden von

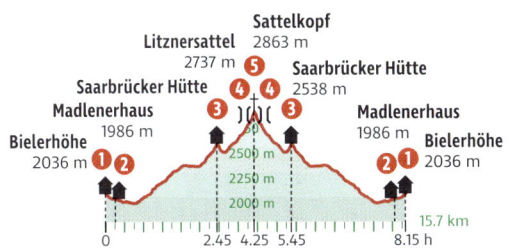

Egghörner und Schneeglocke hinten, vorne Großlitzner, ganz links der Sattelkopf.

Tschifernella, mit Blick zum Vermunt-Stausee, sanft aufwärts zu einem Hügel bei zwei Seeaugen. Nun geht's unter beachtlichen Gletscherschliffen zu einem Bachsteg in der Mulde der Schwarzen Böden. Nach kurzem Güterwegabschnitt schneiden wir wieder auf einem Steig über die blockige Moräne des Litznergletschers ein paar Wegschleifen ab und erreichen unter dem Kleinlitzner die **Saarbrücker Hütte** ❸, 2538 m.

Frisch gestärkt zurück in der ersten Güterwegkurve quert man auf einem flachen Steig in Richtung Litznersattel das Moränenbecken. Unter der Glötterspitze steigt man über unproblematische Firnfelder und Schutthänge des ursprünglich ausgedehnteren Gletschers zunehmend steiler in eine kleine Karwanne. Nun rechts haltend gelangt man in Kürze zum **Litzner-sattel** ❹, 2737 m, am Ostfuß des Großlitzners. Links abzweigend führen uns blass markierte Steigspuren über eine geröllbedeckte Zwischenerhebung und anstrengende Schutthänge etwas links des schrofigen Sattelgrates auf den mit einem Steinmann geschmückten **Sattelkopf** ❺.

Der Abstieg erfolgt auf dem Anstiegsweg.

44 Silvretta-Stausee-Runde

1.30 h

Fjordstimmung über versunkenen Zirbenwäldern

Der Silvretta-Stausee an der Wasserscheide Rhein–Donau und an der Tiroler Grenze war bis 2011 Europas höchstgelegener See mit regelmäßigem, heute wegen eines technischen Defekts eingestelltem Bootsbetrieb. Eingebettet zwischen monumentalen Urgebirgsstöcken verströmt der langgezogene Wasserspiegel die reinste Fjordstimmung. Auf seinem Grund schlummert neben einst romantischen Hochalpen und Zirbenwäldern das Veltiner Hüsli, in alten Zeiten bekannt wegen der bedeutenden Viehmärkte der Unterengadiner Bauern.

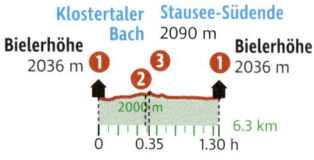

Ausgangspunkt: Bushaltestelle am Silvrettasee-Restaurant auf der Bielerhöhe, 2036 m, Parkplatz. Von Partenen aus erreichbar.

Anforderungen: Gut beschilderte Wander- und Güterwege. Keine nennenswerte Steigung.
Einkehr: Gasthäuser auf der Bielerhöhe.

Am Silvrettasee-Restaurant auf der **Bielerhöhe** ❶ lenkt uns der Wanderwegweiser »Wiesbadener-Hütte« über die 80 m hohe und fast 600 m lange Staumauer zu einem bequemen, uferbegleitenden Wanderweg. Über die blumenreichen Grashänge eines Pflanzenschutzgebietes bewegt man sich unmittelbar auf die Silvretta-Gletscherwelt zu, links der Piz Buin. Jenseits des stattlichen, milchig getrübten Gewässers bäumt sich der spitze Gipfel des Hohen Rades auf.

Unter den Lobspitzen hält der entspannende Kurs bald einen kleinen Abstand zum See. An der Gabelung, wo der Weg ins Klostertal abzweigt, überschreiten wir am Fuß der Kleinen Schattenspitze mit kaum nennenswertem

Auf dem Abstieg vom hohen Rad: Hochmaderer, Schattenkopf und Silvretta Stausee.

Höhenverlust den Zufluss des **Klostertaler Bachs** ❷ in den See. Den Talschluss überragen Gabler, Schwarze Wand und Sonntagspitze.

Auf dem höchsten Punkt der hier von Alpenrosenmeeren gesäumten Runde beim **Stausee-Südende** ❸, 2090 m, mündet unsere Route in einen sanft fallenden Güterweg. Wenig später überquert man an der Öffnung des Ochsentals die junge Ill. Der von der Wiesbadener Hütte kommende Güterweg verläuft nun mit eindrucksvollem Rückblick zur prachtvollen Schattenspitze direkt am Ostufer, den übergeleiteten Bieltalbach überquerend, zurück zur **Bielerhöhe** ❶.

↗ 600 m | ↘ 600 m | 17.7 km

45 Grüne Kuppe, 2579 m

5.30 h

In der Welt des ewigen Eises

Zwischen den deutlich abschmelzenden Zungen des Vermuntgletschers und des zerrissenen Ochsentaler Gletschers, am Anfang des 20. Jh. gemeinsam Ill-Ursprung, lädt die harmlose Grüne Kuppe zu einem nachhaltigen Hochgebirgserlebnis. Der Ochsentaler Gletscher mit seinen blau klaffenden Längs- und Querspalten türmt Eisbrüche in Kirchturmhöhe auf.

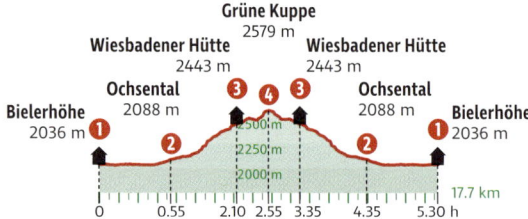

Ausgangspunkt: Bushaltestelle am Silvrettasee-Restaurant auf der Bielerhöhe, 2036 m, Parkplatz. Von Partenen aus erreichbar.
Anforderungen: Meist gut beschilderte Güterwege und Steige. Mäßig steile bis mittelsteile Anstiege. Nicht bei Nebel unternehmen!
Einkehr: Wiesbadener Hütte, www.wiesbadener-huette.com.

Großer und Kleiner Piz Buin vom Radsattel.

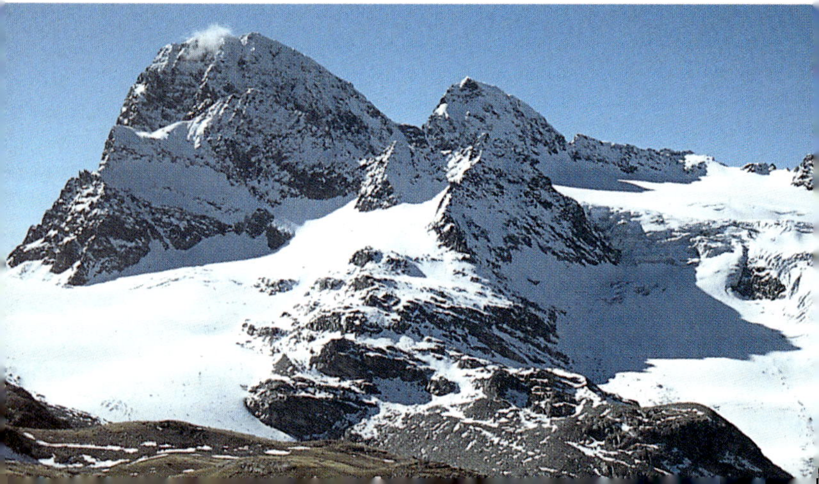

Wir nehmen vom Silvrettasee-Restaurant auf der **Bielerhöhe** ❶ die Straße zum Gasthof Piz Buin am Ostende des Stausees. Dort folgen wir dem aufs Hohe Rad zuhaltenden Dammweg. Auf einem Güterweg unter Zwergstrauchhängen, am Ostufer des Stausees, kann man in Ruhe die himmelragenden Bergriesen bewundern: die prachtvolle Schattenspitze, die dem hinteren Klostertal entwachsenden Charaktergestalten, überm Gegenufer die Lobspitzen und allmählich den Piz Buin.

Am See-Ende schwenkt die nun schmale Fahrbahn an einer Gabelung Richtung Wiesbadener Hütte ins **Ochsental** ❷ ab, steigt aber an der jungen Ill über Alpweiden erst einmal nur leicht an. Während eines spürbaren Zwischenstücks findet auch das Silvrettahorn sein aufmerksames Publikum. Wieder gemütlich geht es über einen Bachgraben zu der auf einer winzigen Hangstufe stehenden **Wiesbadener Hütte** ❸, 2443 m, mit Kapelle. Wenig unterhalb sammeln sich die Gletscherbäche zum Ill-Ursprung. Der flache Geröllsteig Richtung Vermuntpass leitet nun über einen Bachsteg und am ehemaligen Zollhäuschen vorbei. Diesen dürftig markierten Moränenanstieg verlassen wir an einer Gabelung rechts bergab zu ein paar Holzbrettern, die uns unterhalb der Zunge des Vermuntgletschers über zwei Schmelzwasserbäche tragen. Ein mittelsteiler Anstieg führt westlich um ein Seelein zur **Grünen Kuppe** ❹.

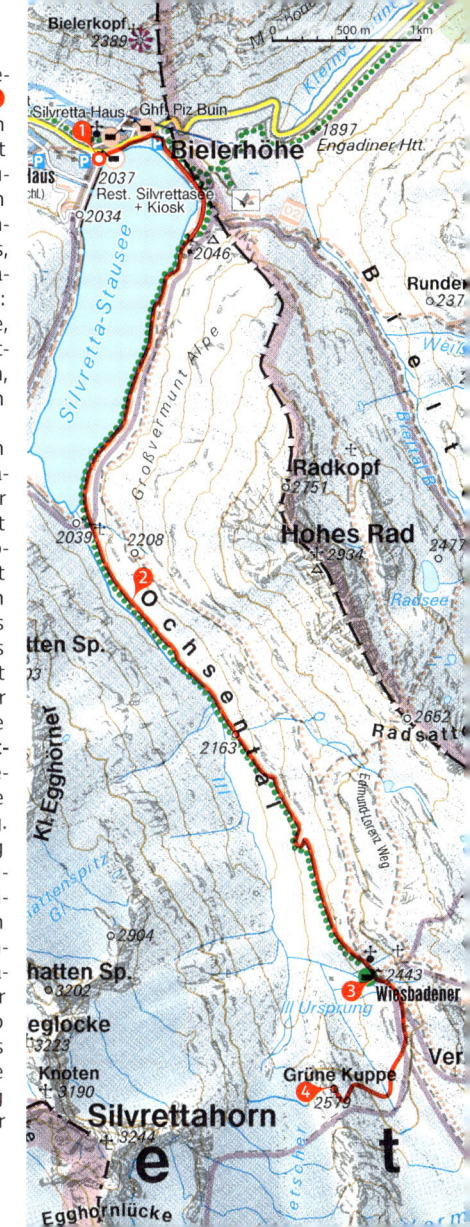

TOP

46 Hohes Rad, 2934 m

↗ 950 m | ↘ 950 m | 12.0 km

6.30 h

Einer der schönsten Aussichtsgipfel der Ostalpen

Zwischen dem Ochsental und dem Tiroler Bieltal lockt ein fast 3000 Meter hoher Grenzgipfel den im abschüssigen Schrofengelände geschickten Höhenwanderer: das breit gelagerte Bergmassiv namens Hohes Rad. Unterwegs zum Radsattel passiert man den schmucken Radsee. Dort kann man mit etwas Glück Schneehühner und sogar Steinböcke entdecken.

Ausgangspunkt: Bushaltestelle am Silvrettasee-Restaurant auf der Bielerhöhe, 2036 m, Parkplatz. Von Partenen aus erreichbar.
Anforderungen: Ausreichend bezeichnete Pfade und Steige, meistens Schneefelder. Längerer Steilaufstieg. Nur für geübte Bergwanderer, leichte Kletterei (I). Trittsicherheit, etwas Orientierungssinn und zuverlässiges Wetter erforderlich. Nicht bei Nebel!

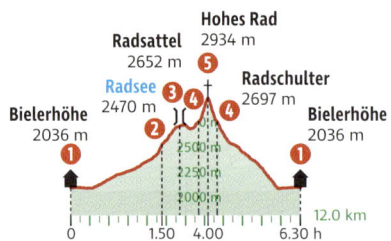

»Silvretta-Urgestein« am Aufstieg zum Radsattel.

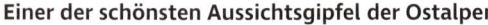

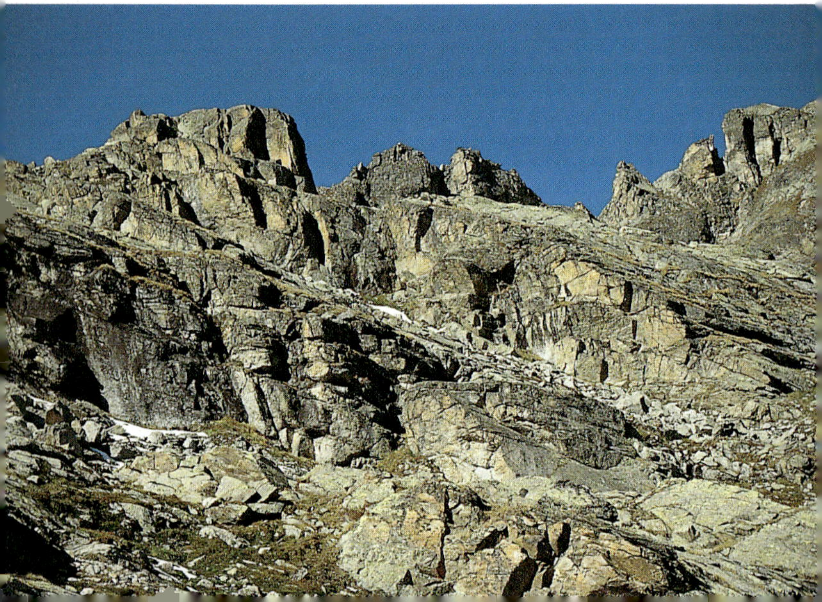

Wir nehmen vom Silvret-tasee-Restaurant auf der **Bielerhöhe** ❶ die belebte Straße zum Gasthof Piz Buin am Ostende des Sees. Der Dammweg hält aufs Hohe Rad zu. Wo sich der parallele Fahrweg teilt, folgen wir diesem links an einem Hang entlang über die Tiroler Grenze. Vom Weg-ende führt ein Pfad über teils blockige Grasböden am Bieltalbach aufwärts, vor uns der Bieltalferner. Im Talschluss wechselt der Kurs in einen Steig, der über einen Rasenhang zur Stufe mit dem **Radsee** ❷, 2470 m, und weiter durch eine rötliche Felsszenerie zum **Radsattel** ❸, 2652 m, klettert. In scheinbar greifbarer Nähe der dunkle Piz Buin mit Vermuntgletscher und Ochsentaler Gletscher. Hinüber zum schwach begrünten Aufschwung an der **Radschulter** ❹, 2697 m, müssen wir unter der riesigen Gipfelwand des Hohen Rades nach etwas Höhen-verlust ein Trümmerkar durchqueren. Der Radsteig schwingt sich nun einen Geröllhang empor, holt links aus und erschließt später mit leichten Kletterstellen (I) über eine grimmig steile, teils schutt-bedeckte Schrofenrippe den »Fast-Dreitausender« **Hohes Rad** ❺. Die Pla-gerei wird mit einem 360°-Panorama der Extraklasse entschädigt, das von der Zugspitze bis zu den Adulaalpen reicht. Zurück auf der Radschulter weist uns die Felsmarkierung »S.H.« auf einen steilen Steig, der bergab ins Radkar leitet. Rechts, etwas oberhalb der Sohle auf die Markierung ach-tend, wartet das urweltliche, meist schneegefüllte Blockmeer mit necki-scher Turnerei auf. Von der Karschwelle hinunter zur **Bielerhöhe** ❶ gewin-nen zunehmend Graspolster die Oberhand.

Breiter Spitz, 2203 m

Erholungsberg in der Nord-Silvretta

Während der mehrgipflige Breite Spitz vom Kops-Stausee aus eher einem harmonischen Mittelgebirgs-Höhenzug ähnelt, riegelt er vom Montafon aus gesehen als mächtiges Bollwerk den eindrucksvollen Talschluss ab. Leuchtende oder wasserüberronnene Wülste aus hartem Silvrettagneis, Gletscherschliffe des einstigen Illtalgletschers, gestalten den Weg zu einem überaus kurzweiligen Erlebnis.

Ausgangspunkt: Bushaltestelle am Kops-Stausee, 1840 m, Parkplatz. Von Partenen aus erreichbar über die Silvretta-Hochalpenstraße.
Anforderungen: Ausreichend bezeichneter Steig, anfangs Alpweg. Längerer mittelsteiler Aufstieg.

Wir spazieren von der Bushaltestelle am **Kops-Stausee ❶** zur Aussichtsplattform und über die 120 m hohe Staumauer mit anregendem Tiefblick ins Ganifer. Auf dem anschließenden Alpweg kurz bergab wandernd, werden wir an einer Gabelung vom Wegweiser »Breitspitze« auf Kurs gebracht.

An der Weggabel bei der früheren Äußeren Kopsalpe nimmt uns ein breiter Wanderweg auf, der bald in einen reizvollen Steig übergeht. Oben auf einem Rücken öffnen sich vorzügliche Ausblicke zur Ballunspitze, aber auch auf die restliche Bergwelt um das Staugewässer.

Die zum Teil grasigen, mitunter von prächtigen Zirben bestockten Höhenstufen mit Zwergsträuchern erlauben ein beschauliches Steigen – nur eine kleine Jagdhütte und typische Verwallruhe! Zuletzt geht's mit kleinen Höhenverlusten an verträumten Seen vorbei zu dem weit ins Montafon vorgeschobenen Aussichtsgipfel **Breiter Spitz ❷**.

Nach dem gemächlichen Höhenwandern überraschen die abrupt senkrechten Felsabbrüche unter dem Gipfelkreuz und die Tiefblicke

Abweisend steht die Ballunspitze hinter dem kleinen See kurz vor dem Breiten Spitz.

nach Partenen und zum Tatzelwurm der Silvretta-Hochalpenstraße umso mehr. Die wechselnde Aussicht reizt uns, gleich auf alle drei Gipfelchen zu steigen. Dann stehen sie da: Vallüla, Hochmaderer, Schesaplana, Zimba, Versalspitze, Fädnerspitze. Und manche der zentralen Silvrettagipfel bilden im Süden ein herrliches Panorama. Der Abstieg erfolgt auf dem Anstiegsweg.

48 # Versalspitze, 2462 m

Schauwarte im Triangel Illtal – Vermunt – Ganifer

Die Versalspitze im Südzipfel der Verwallgruppe zählt, bedingt durch ihre vorgeschobene Lage über dem Montafon-Talschluss, zur Elite der Vorarlberger Aussichtsgipfel. Am Horizont grüßt die Bernina.

Ausgangspunkt: Bushaltestelle am Alpengasthof Zeinisjoch, 1822 m, Parkplatz. Von Partenen aus zu erreichen über die Silvretta-Hochalpenstraße.

Anforderungen: Gut bezeichnete Bergwanderwege und Steige. Kurz steil.
Einkehr: Verbellaalpe, Tel. +43 (0)5558 8326.

Der Wanderwegweiser »Heilbronner Hütte« lenkt uns beim **Alpengasthof Zeinisjoch** ❶ auf einen ansteigenden Bergwanderweg. Ab einem Stollenauslauf mit Bachbrücke führt die gemütliche Route über lichte Latschenhänge und vorbei am Zeinissee. Links bestimmt bereits die Versalspitze die Szene. Hinter der Silvretta-Hochalpenstraße zeichnet sich das spannende

Auf dem Weg zur Versalspitze erfreut man sich freier Ausblicke über das Ganifer in die Silvretta.

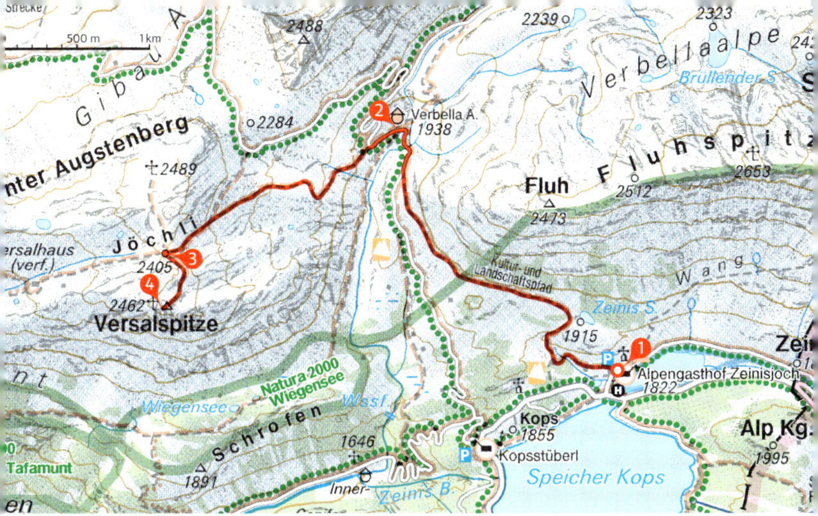

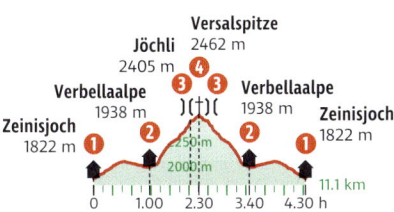

Tourengebiet der Saarbrücker Hütte ab. Nach einem kleinen Höhenverlust queren wir den Verbellabach und kommen zu der in einem Alpkessel gelegenen **Verbellaalpe ❷**, 1938 m.

Bald nach der möglichen Einkehr weist das Schild »Versalspitze« auf einen zu Beginn knackigen Steig über einen Buschhang. Nur noch Zwergsträucher säumen den genussreichen Gang zu einem Absatz. Weiter geht es durch eine mit Grasböden bedeckte Hochwanne. Man gewinnt dabei schöne Einblicke in das vom Verbellakopf und den Valschavielbergen flankierte Hochtal des Verbellabachs. Hinauf ins so genannte **Jöchli ❸**, 2405 m, finden wir schuttdurchsetzte Hänge vor. In Kürze und ohne jegliche Schwierigkeiten leiten steinübersäte Magerrasenkuppen auf die **Versalspitze ❹**.

Zuallererst ziehen die hinter dem Vermunt-Stausee wetteifernden Gestalten der Litzner-Seehorn-Gruppe, von denen wir schon während des Aufstiegs einen Vorgeschmack bekommen haben, den Blick auf sich. Ein begeisterndes Bild, das sich langsam steigert: das Häusermosaik von Partenen, die Passstraßenwindungen, der farbenprächtige Seespiegel im Vermunt sowie der gewaltige Hochmaderer. Und überrascht stellen wir fest: Von hier breitet sich die gesamte Hochsilvretta vom Paznaun bis nach Gargellen vor uns aus. Der Abstieg erfolgt auf dem Anstiegsweg.

Valschavielkopf, 2696 m

Frische Glaziallandschaft

Eine belebend ursprüngliche Glaziallandschaft überrascht auf dem Weg von den anziehenden Scheidseen zum kaum bekannten Valschavielkopf. Zwischen abgeschliffenen Felskuppen leuchten silbrige Wollgrasteppiche in feuchten Senken – wie auf einer Wanderung am Polarkreis.

Ausgangspunkt: Bushaltestelle am Alpengasthof Zeinisjoch, 1822 m, Parkplatz. Von Partenen aus zu erreichen über die Silvretta-Hochalpenstraße.
Anforderungen: Bis auf den weglosen Gipfelgang gut bezeichnete Bergwander- und Güterwege, Pfade und Steige. Mäßig steile Aufstiege. Leichte Kletterei (I). Erfahrung und Ausdauer, Trittsicherheit, zuverlässiges Wetter und Orientierungssinn erforderlich. Nicht bei Nebel!
Einkehr: Verbellaalpe, Tel. +43 (0)5558 8326, Heilbronner Hütte, Tel. +43 (0)664 1804277.

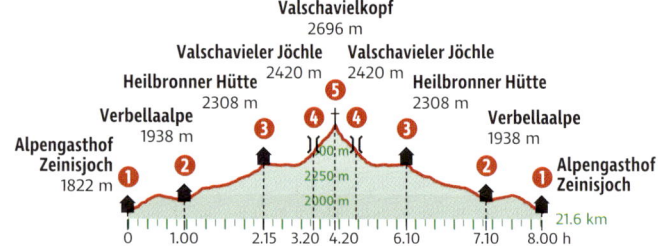

Eine wahrlich majestätische Gipfelkrone: der Patteriol vom Valschavielkopf.

Wir starten beim **Alpen-gasthof Zeinisjoch** ❶ auf dem Bergwanderweg Richtung Heilbronner Hütte. Die Route führt gemütlich zwischen Latschen hindurch und am Zeinissee vorbei. Nach etwas Höhenverlust windet sich ab der **Verbellaalpe** ❷, 1938 m, ein Güterweg über Weidehänge. Nach dem Abzweigen des Gibauwegs wandern wir ins Hochtal des Verbellabachs und bergauf zur **Heilbronner Hütte** ❸, 2308 m, auf dem Verbellner Winterjöchle.

Ein Pfad begleitet nun auf der Tiroler Seite die märchenhaften Scheidseen. Der kantige Patteriol mit seinen bizarren Nachbarn schindet mächtig Eindruck. Über den Auslauf des zweiten Sees wählen wir den Wormser Weg. Nach einem felsübersäten Alpgebiet und einem verlandeten See folgen feuchte Stellen. Unser Kurs kreuzt den Albonabach. Auf dem **Gaschurner Winterjöchle**, 2310 m, geht es vor dem Valschavielsee Richtung Wormser Hütte und auf einem Steig ins **Valschavie-ler Jöchle** ❹, 2420 m.

Weglos steigt man, mit Distanz zu den Abbrüchen, über den rechten Rücken. Von der Trümmermulde unter dem Gipfel lenken Steinmännchen zum Südostgrat. Eine rötliche Felspartie umgeht man auf Steigspuren links. Problemlose, im oberen Teil etwas ausgesetzte Kletterstellen leiten über blockiges Gelände zurück zum Grat und in Kürze auf den **Valschaviel-kopf** ❺. Der Abstieg erfolgt auf dem Anstiegsweg.

50 Fädnerspitze, 2788 m

Einsame Felsendame vom hintersten Paznaun

Obwohl sie bereits den Talschluss des Tiroler Paznauntals bei Galtür bewacht, zählt die schroffe Fädnerspitze eindeutig noch zum Tourengebiet des Montafons, bewegt sich doch der gesamte Routenverlauf innerhalb des Ländles.

Ausgangspunkt: Bushaltestelle am Alpengasthof Zeinisjoch, 1822 m, Parkplatz. Von Partenen aus zu erreichen über die Silvretta-Hochalpenstraße.
Anforderungen: Bescheiden markierter, mitunter ausgesetzter Steig. Längere Steilaufstiege. Für Trittsichere, Vorsicht bei Nässe, nicht bei Nebel oder Schnee!

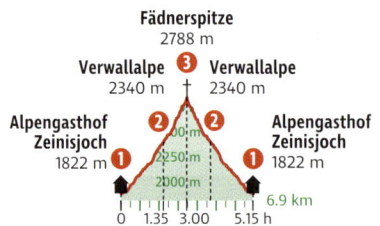

Der vom **Alpengasthof Zeinisjoch** ❶ Richtung Fädnerspitze ansteigende Steig klettert unter der Mittleren und Östlichen Fluhspitze über den Wang, eine steile und blumenreiche Zwergstrauchflanke, empor. Dabei sind ein paar harmlose Bergbäche zu queren. Als botanische Rarität gedeiht auf diesen Bergmatten der purpurne, rot-schwarz gepunktete Pannonische Enzian. Jenseits des kräftig grünen, mit einer kleinen Inselgruppe geschmückten Vorstaubeckens, der kleinen Schwester des Kops-Stausees, baut sich die stramme Ballunspitze auf. Hinter dem Saggrat spitzelt die Vallüla hervor. Über dem unscheinbaren Breiten Spitz im Vordergrund

Unmittelbar am Vorstaubecken des Kops-Speichers fußt die Fädnerspitze.

zeichnen sich die dem Kromertal entwachsenden Zinnen des Valgragges-
kamms ab, ihnen zur Rechten der massige Hochmaderer.
Von der Karwanne, die sich **Verwallalpe** ❷ oder Fädner Älpeli nennt (nicht
mehr beweidet), mühen wir uns rechts über den im oberen Bereich steilen, mit wenigen Steinmännchen markierten, westgerichteten Schrofenrücken mit ausgesetzten Passagen an einem Gedenkkreuz vorbei. Die letzten
Schritte erfolgen von Süden her zur Ortsantenne auf der **Fädnerspitze** ❸
an einer Grenzecke zu Tirol. Der Glimmerschiefer weist hier mitunter brau-
ne Granatkristalle auf. Plötzlich stehen überraschend die Verwall- und Samnaunberge Parade. Über dem sich im hintersten Paznaun öffnenden Jamtal
bezaubern die drei Fluchthornzacken, rechts davon der Augstenberg. Auch
Vorarlbergs Größter, der Piz Buin, und das Silvrettahorn hinterm Hohen
Rad kommen jenseits der Furche des Kleinvermunts schön zur Geltung.
Fast 1000 Meter unter uns schmückt der milchiggrüne Kops-Speicher mit
seinen übergeleiteten Silvretta-Gletscherwassern auf dem historisch be-
deutsamen Zeinisjoch die Europäische Wasserscheide. Der Abstieg erfolgt
auf dem Anstiegsweg.

STICHWORTVERZEICHNIS

WANDERN IM MONTAFON

ERLEBNISSE AUF SCHRITT UND TRITT

MONTAFON

Umschlagbild: Blick vom Tobelsee zu den Drei Türmen und der Drusenfluh im Gauertal.

Bild im Innentitel: Auf dem begeisternden Wormser Weg im einsamen Verwall.

Bild S. 2: Äußeres Montafon mit den Bergen um die Zimba.

Bild S. 20/21: Die Scheidseen mit den südlichen Verwallbergen im Zeinisjochgebiet.

Alle Fotos vom Autor.

Kartografie:
50 Wanderkärtchen im Maßstab 1:50.000 und 1:75.000
sowie zwei Übersichtskarten im Maßstab 1:300.000 und 1:500.000
© Freytag & Berndt, Wien

Die Ausarbeitung aller in diesem Führer beschriebenen Wanderungen erfolgte nach bestem Wissen und Gewissen des Autors. Die Benützung dieses Führers geschieht auf eigenes Risiko. Soweit gesetzlich zulässig, wird eine Haftung für etwaige Unfälle und Schäden jeder Art aus keinem Rechtsgrund übernommen.

10., aktualisierte Auflage 2022
© Bergverlag Rother GmbH, München
ISBN 978-3-7633-4090-3

MIX
Papier aus verantwortungsvollen Quellen
FSC® C021956
FSC www.fsc.org

Wir freuen uns über jeden Korrekturhinweis zu diesem Wanderführer!
Bitte per E-Mail an: **leserzuschrift@rother.de**

ROTHER BERGVERLAG · Keltenring 17 · D-82041 Oberhaching
Tel. +49 89 608669-0 · www.rother.de